趣学经典·文言文

子不起的中国童话 上

姜明慧 著

人民邮电出版社

北京

图书在版编目（CIP）数据

了不起的中国童话：趣学经典文言文 / 姜明慧著.
北京 ：人民邮电出版社，2024. -- ISBN 978-7-115
-65099-3

Ⅰ. G624.203

中国国家版本馆 CIP 数据核字第 2024HU4752 号

内 容 提 要

本书从《山海经》《庄子》《淮南子》《搜神记》《酉阳杂俎》《太平广记》等极具浪漫色彩和想象力的中华优秀典籍中精心挑选 28 篇符合儿童认知特点的故事，重新改编演绎，并按照难度排序，辅以国风插画，让孩子更好地理解经典文言文的内涵。

书中每篇经典故事均配有导古文原文、重点注释及白话对照，同时添加古文诵读音频，帮助孩子递进式、多元化学习和感知中国童话背后的精髓，掌握文言文学习要点。

本书兼具故事阅读及文言文学习功能，适合三到六年级小学生阅读，也可供小学语文教研人员参考。

◆ 著　　　　姜明慧
　　责任编辑　折青霞
　　责任印制　马振武
◆ 人民邮电出版社出版发行　　北京市丰台区成寿寺路 11 号
　　邮编　100164　　电子邮件　315@ptpress.com.cn
　　网址　https://www.ptpress.com.cn
　　三河市君旺印务有限公司印刷
◆ 开本：700×1000　1/16
　　印张：19.5　　　　　　　　2024 年 10 月第 1 版
　　字数：144 千字　　　　　　2024 年 10 月河北第 1 次印刷

定价：59.80 元（上下册）

读者服务热线：(010)81055296　印装质量热线：(010)81055316
反盗版热线：(010)81055315
广告经营许可证：京东市监广登字 20170147 号

本书送给刚上小学的王明堃小朋友

自序

　　提到"童话"二字，人们心中首先想到的，大约会是几百年前的几个外国作家：安徒生、格林兄弟、王尔德……在中华几千年的文化传承中，似乎是没有童话的。

　　当然也有一些专门写给儿童的书籍，但大多是启蒙用书，如《三字经》《百家姓》《千字文》等。它们的主要作用是让孩童识文断字，谈不上有多少趣味性。专门给孩子看的故事书，几乎一本也找不出。一直到了五四运动后，在鲁迅、叶圣陶等学者的引领下，才开始出现专门的儿童文学作品。

　　但中华经典中，其实从来不乏适合孩子们阅读的精彩片段。《庄子》《山海经》《列子》中的瑰丽想象，《韩非子》《战国策》中的巧辩与哲思，无不令人拍案称奇。更遑论唐宋以来，笔记小说盛行，涌现出了无数充满童趣与幻想的故事。

　　唯一的遗憾，便是鲜有人将这些故事挑选出来，编纂汇集成专门的儿童读物。

　　这本书要做的，正是这样一份工作。
　　我从《庄子》《战国策》《韩非子》等九部中华传统文化

典籍中，选取了 28 篇适宜孩子阅读的文言文短篇，并用贴近孩子的语言，将它们扩展成一个个小故事。

同时，每一篇故事后，都有故事的文言原文、注释和译文。希望通过阅读经典的故事，孩子们能够亲近传统文化典籍，进而感受文言之美。

这 28 篇故事中，有神话。那些上古时期令人神往的故事，也是中华文明的源头。

这 28 篇故事中，有寓言。庄子、列子、韩非子……这些春秋战国时期的哲学家们，擅长用简单而机巧的故事，阐明深刻的哲理。

这 28 篇故事中，有笔记小说。你会发现，原来唐代就流传着"灰姑娘"的故事了，你还会看到中国古人对月球的先进认识。读这些故事，会让你的民族文化自豪感油然而生。

今年是我从清华大学中文系语言学专业毕业并成为一名语文教师的第 15 年。

15 年间，我经历了媒体日新月异的变化，也见证了短视频的崛起。图书，这个古老的文化载体，或许已不再是当代孩子获取知识的主流渠道。但无论何时，阅读文字的能力，始终是孩子最重要的核心能力之一，是学习一切知识的基石。换言之，阅读能力的强与弱，几乎可以与孩子的学习能力挂钩。

阅读是一种非常高级的思维活动。孩子的眼睛摄入了文字，而大脑调动孩子所有的联想、记忆、感知，在孩子脑海中重新构建了一个世界。这个世界是孩子意识的投影，随孩子的心意

而变，而孩子，便是自己这想象世界的主宰。

当阅读成为了一个孩子的习惯时，他将很难再被肤浅的快乐所诱惑。

当然，写这本书，我也有一点私心。儿子在今年九月刚刚成为一名小学生。随着识字量增加，他开始嫌弃图多字少的绘本。小朋友摩拳擦掌，想要探索更广阔的文字世界。外国童话故事，我其实是不大放心让孩子去独立阅读的。因为有着文化的隔阂，在缺乏引导情况下，童话的主旨很容易被误解。再加上我读的是中文系，对传统文化的感情很深，自然也期盼着孩子能将这份热爱传递下去。

可寻来寻去，市面上竟找不到令我满意的传统文化儿童读物。或许是我太过挑剔吧，我想要一本兼顾教育意义和故事性的、博采诸多经典的，更重要的是，能让小学生完全独立阅读的图书。索性，便自己来写一本更适合中国孩子"阅读胃口"的童话故事集吧。

至于类似"小学生会喜欢传统文化吗？""小学生能看懂古籍文言文吗？"这样的问题，我并不担心。教书十几年，最大的心得便是：相信孩子，他们总能给我们惊喜。

所以，把这本书交给孩子吧！

2024 年 9 月

姜明慧

目 录

《山海经》

盗宝的天神（鲧偷息壤）

落魄的天神（女魃和应龙）

《庄子》

骄傲的河伯（望洋兴叹）

庖丁的神刀（庖丁解牛）

没必要的战争（蜗角之争）

肝胆相照的损友（匠石运斤）

《列子》

养猴子的老翁（朝三暮四）

歌神的传说（余音绕梁）

不识主人的狗（杨布打狗）

奇特的相马人（九方皋相马）

077　070　059　052　　　　043　034　027　020　　　　008　002

古怪的养马老头（塞翁失马）　　　　　　　　187

强大的战士（后羿除六害）　　　　　　　　　197

《搜神记》

终于安宁的宅子（何文除宅妖）　　　　　　　210

舍身救主的小狗（义犬救主）　　　　　　　　220

《酉阳杂俎》

王后叶限（中国的灰姑娘）　　　　　　　　　236

夜遇白衣人（月球的科学传说）　　　　　　　250

《太平广记》

何二娘成仙（何仙姑的传说）　　　　　　　　274

水神无支祁（孙悟空的原型）　　　　　　　　288

《韩非子》

守信用的家长（曾子杀猪）

打仗前的准备（吴起攻亭）

被动了手脚的烧烤（宰臣上炙）

瞒天过海的骗术（棘刺雕猴）

难以评选的超级画师（画鬼最易）

卖不出去的美酒（宋人卖酒）

《战国策》

值千金的马骨头（千金市骨）

绝妙的无形之箭（惊弓之鸟）

等来的机会（管庄刺虎）

《淮南子》

重用小偷的大将军（子发用盗）

174   162 153 144   133 125 114 106 096 088

《山海经》

《山海经》是一部讲述上古时代社会生活的百科全书。它涵盖了天文、地理、历史、神话、动物、植物、矿产等诸多方面的内容，被称为『上古三大奇书』之一。

盗宝的天神（鲧偷息壤）

上古时期，天上的神仙为了争夺帝位经常会发生战争。在一次重要的战争中，水神共工败给了颛顼（zhuān xū）。他一气之下，一头撞上了天地之间的支柱——不周山。这一撞可不得了，天被撞出了一个窟窿，大雨没日没夜下个不停。很快，人间就发起了滔天洪水。

神仙们当然不怕洪水，可是人间的老百姓却遭了殃。洪水铺天盖地涌来，来不及逃跑的人们都被可怕的大水吞没了。

侥幸从洪水中逃出的人们，不仅失去了自己的亲朋好友，还要面临巨大的危机：他们的房屋被冲毁，无家可归，只能拼命往山上跑，寻找山洞或大树临时藏身。在凄风苦雨中，很多人都生病了。而且呀，因为土地被大水淹没，人们辛辛苦苦种植的庄稼颗粒无收，很快人们就没有食物了，整天饿着肚子，只好用野草充饥。不仅如此，那些平时藏在深山里的毒蛇猛兽，也被洪水驱赶到地势高的地方，在它们的威胁下，人们的日子更加不好过了。

这时候，天上有一位叫鲧（gǔn）的天神对老百姓动了恻隐之心。他多次向天帝禀告人间惨状，希望天帝能够拯救在洪水中苦苦求生的人们。但等啊等啊，天帝却迟迟没有任何动作。鲧不忍心大家一直遭受苦难，决定自己偷偷帮助大家。可是，鲧并不是一位法力高超的神仙，他对洪水也无可奈何啊。思来想去，鲧终于想到了一个好办法。

在天帝的宝库中，收藏着一种神奇的宝物——息壤。这是一种能够自己不停生长，永远都不会消耗或减少的土壤。只要掰下一小块息壤扔进小池塘中，用不了多久，息壤就能长出新的土壤，把小池塘填满。有了神奇的息壤，修筑堤坝、搭建房屋、恢复耕地，都不再是难事了，老百姓也能够重新安居乐业。

"息壤留在天帝的宝库中，只是一件摆设。但在人间，它却可以拯救千千万万个生命！"

　　明知道偷窃天帝的宝物可能会遭到严厉惩罚，但善良的鲧实在不忍心眼睁睁地看着人们饱受洪水折磨。最终，他凭借着自己的聪明智慧，破解重重防守，偷到了息壤，并把它带到人间。

　　就在鲧帮助老百姓抵御洪水的时候，天帝发现自己的宝物居然被偷了！他勃然大怒，立刻派出了祝融寻找息壤。祝融可是天帝身边能力高超的天神之一。很快，鲧偷息壤的事情就被发现了。可是息壤已经被用于治水，变得极其庞大，根本没办法拿回天上去！

　　失去宝物的天帝火气上头，下令立刻处死鲧。祝融奉了天帝的命令，把鲧带到羽山的郊野。这里遍布着大石头，几乎不长草木，还生活着可怕的毒蛇。祝融就在这儿杀死了鲧。

　　鲧眼看老百姓的生活才刚刚有所好转，就这样功亏一篑，他死得太不甘心了！可能是治水的心愿太强烈的缘故吧，他的遗体里居然孕育出了一个孩子！他的儿子——禹，就这样从父亲的肚子里诞生了。

　　看到这神奇的一幕，天神们都震惊了。冷静下来后，天帝也为自己贸然杀死鲧感到后悔。于是，天帝命令禹子承父业，在人间疏通河渠，修筑堤坝，带领百姓们与洪水搏斗。禹走遍了九州大地，没日没夜地工作，最后终于平定了洪水，也成为深受人们尊敬的帝王。

洪水滔天，鲧窃帝之息壤以堙（yīn）洪水，不待帝命。帝令祝融杀鲧于羽郊。鲧复生禹。帝乃命禹卒布土，以定九州。

《山海经·海内经》

注释

- 息壤：传说中一种能自己生长、永不耗减的土壤。
- 堙：堵塞。
- 羽郊：羽山的郊野。
- 复：通"腹"。
- 布：施予，施行。土：土工。布土：治河时填土、挖土的工程。

大地上四处都是洪水，鲧没有经过天帝同意，偷了天帝的息壤来堵塞洪水。天帝派祝融把鲧杀死在羽山的郊野。鲧死之后，他的腹中诞生了禹。天帝于是命令禹整治国土、治理洪水。禹最终遏止了洪水，并划定了九州。

落魄的天神（女魃和应龙）

上古时期，蚩（chī）尤部落跟炎黄部落曾经打过一场惊天地泣鬼神的战役，那就是被称为"上古第一大战"的"涿鹿之战"。

炎黄部落的首领是咱们华夏民族的老祖先——炎帝和黄帝。而蚩尤也不弱，他擅长冶炼金属、铸造兵器，是传说中的"铸兵之神"。

在战场上，蚩尤看着自己的手下都装备了青铜刀剑，而炎黄部落的装备却非常落后，甚至还有人还拿着木刀、竹弓。他轻蔑地嘲笑道："就凭你们手里的这些破烂武器，做梦都别想战胜我！"

黄帝在战场上连连失利，没办法，只好向天帝求助。天帝派下了一名神将来协助炎黄部落的军队。这名神将，就是应龙。

他是一条威风凛凛的巨龙，浑身遍布坚硬的龙鳞，背生双翼，足踏云朵，能在天空中翱翔，厉害极了！

知道自己在兵器方面的劣势，黄帝不打算跟蚩尤硬碰硬，而是想借助自然界的力量来对付蚩尤。他与应龙商量着作战计划："我打算在冀州的郊野排兵布阵，你就多多积蓄江河之水，咱们来个大水漫灌。到时候一片汪洋，再锋利的武器也派不上用场啦！"

想法确实很美好，可是蚩尤才不会束手就擒呢！黄帝能请外援，蚩尤同样也有外援。他请来了风伯和雨师，一个管刮风，一个管下雨，在战场上掀起了狂风暴雨。风雨中，士兵们连眼睛都睁不开了，迷失了方向，提前排练好的队列也散了。应龙早就蓄了一肚子水，却无法发动攻击，生怕伤到了自己人。于是他赶紧向黄帝说："现在咱们的情况岌岌可危，您快去天上邀请我的好友女魃（bá）来助战吧！只要是她所在的地方，哪怕是瓢泼大雨也能立刻停止。"

黄帝一听应龙此言，赶紧上天把女魃请了下来。女魃穿着青衣，虽然相貌平平，但本领很了不得。她一露面，雨师和风伯兴起的狂风暴雨一下子就停了。

女魃的突然加入，打了蚩尤一个措手不及，而炎黄部落的军队则重整旗鼓。经过鏖战，最终蚩尤兵败被杀。涿鹿之战，炎黄部落获得了胜利。

战争是残酷的，失败的一方固然一败涂地，获胜的一方往往也要付出惨痛的代价。

在这场"上古第一大战"中，女魃和应龙两名神将可以说是扭转乾坤，立下了汗马功劳。可是，在战

争之中他们的法力消耗过度，无法再回到天上去了，而人间的环境却并不适合他们生活。

　　黄帝手下有个叫叔均的大臣，非常懂农业耕种。他发现最近的天气有些奇怪。明明是雨季，但有些地方却一滴雨都没有，老百姓种的庄稼都要枯死了。这事很不对劲，叔均经过一通调查，才知道是因为女魃住在这里。

叔均赶紧把这件事禀报了黄帝。"怎么办呢？女魃是战争胜利的功臣，也不能把她赶走吧！"黄帝很发愁。

"臣有个好主意。"叔均说："赤水北岸地广人稀，不如把女魃安置到那里。"

黄帝同意了："你去把此事办妥，回来封你当主管田地农耕的神。"

叔均找到了女魃。在得知人们无法耕种居然是因为自己居住在这里时，女魃内疚极了。因此，她同意了叔均的建议，独自一人去赤水北岸生活。叔均还嘱咐女魃道："赤水北岸虽然荒凉，也还是有一些百姓在生活，所以你不要在一个地方住得太久，要经常搬家。"

叔均又教导人们，在遇到干旱时，可以祷告说："神啊，请向北边走吧！"同时修理河道，挖掘、疏通水渠。

每次听到人们的祈祷时，女魃就赶紧离开现在居住的地方，向更偏远的北方走去。就这样，战功赫赫的女英雄，变成了被人讨厌的干旱之神。为了百姓，她过上了居无定所的生活，在荒凉的赤水北岸到处流浪。

女魃的好战友应龙，也遇到了相似的苦恼。

应龙能够蓄水，他在的地方很容易暴发洪涝灾害。跟女魃一样，应龙也无法回到天上，又无法控制自己的法力。听说老朋友去了赤水北岸，应龙不等黄帝派人找他，主动选择隐居在大荒东北角落一座名叫"凶犁土丘"的山中。他住在山的最南边，一处人迹罕至的地方，尽量减少对人们生活的影响。

应龙和女魃一南一北，平时几乎无法碰面。过了许多年后，两人才在一次重要的宴会上重聚了。看到老朋友在人间过得挺凄惨，不复以往的威风，两位天神都有些伤感。

应龙问女魃："听说你现在连个正经的住所都没有？堂堂天界女战神，现在过得可真惨。"

女魃生气地踹了老朋友一脚，反击道："你不也没好到哪儿去吗。听说你隐居起来、不问世事了？"

应龙摇了摇头，说："隐居是真的。我走到哪儿，哪儿就发洪水，我看我还是乖乖待在没人的山里好了。但也不是真的不管人世间啦！有时候，庄稼种到了地里，老天却偏偏不下雨，人们搞些舞龙的仪式。我看那龙挺像我的，就会飞过去给他们下点雨。"

女魃没有说话，点了点头。

就在宴会快结束的时候，应龙问女魃："你后悔当年下凡来帮助黄帝吗？"

女魃想了想，说："不。即使无法回到天庭，还要到处流浪，我也没有后悔过当年的决定。作为天神，受到百姓的供奉，自然要为护佑百姓做出牺牲。这不就是我们的使命吗？"

两人对视了一眼，看到了彼此眼中的坚定。不管自己的境遇如何，这人间，他们都要长长久久地守护下去。

蚩尤作兵伐黄帝，黄帝乃令应龙攻之冀州之野。应龙畜水，蚩尤请风伯雨师，纵大风雨。黄帝乃下天女曰魃，雨止，遂杀蚩尤。魃不得复上，所居不雨。叔均言之帝，后置之赤水之北。叔均乃为田祖。魃时亡之，所欲逐之者，令曰："神北行！"先除水道，决通沟渎。

《山海经·大荒北经》

大荒东北隅中，有山名曰凶犁土丘。应龙处南极，杀蚩尤与夸父，不得复上，故下数旱。旱而为应龙之状，乃得大雨。

《山海经·大荒东经》

注释

● 兵：兵器，兵刃。
● 冀州：古代九州之一。
● 畜：通"蓄"。
● 魃：传说中的女神，她所居住的地方，天不下雨。
● 田祖：主管田地农耕的神。
● 亡：逃亡。
● 除：修理、整治。
● 渎：水沟、小渠。
● 隅：角落。
● 南极：此处指山的最南端。

译文

　　蚩尤制造兵器攻击黄帝，黄帝便派应龙去冀州的郊野攻打蚩尤。应龙蓄积了很多水，蚩尤请来风伯和雨师，于是天上掀起狂风暴雨。黄帝见此请来一位名叫魃的天女。魃从天上下来后雨就停住了，黄帝于是杀了蚩尤。魃再也无法回到天上，凡是她居住的地方，就不会下雨。叔均把这件事报告给了黄帝，黄帝就把魃安置在了赤水的北面。叔均于是成为管理田地的神。魃时常到处流亡。人们想要赶走她，就会说："神啊，请你向北去吧！"并要先清理水道，疏通沟渠。

大荒最荒远之地的东北角中有一座山，名叫凶犁土丘。应龙住在这座山的最南面。由于他杀了蚩尤和夸父，再也不能回到天界，所以下界多次发生旱灾。每当下界大旱时，人们便装扮成应龙的样子求雨，天上就会降雨。

《庄子》

《庄子》这部书是战国时期的庄子及其后学所著，又称为《南华经》，是道家学派的一部经典著作。《庄子》不仅是一本哲学名作，更是一部文学杰作。它想象丰富、构思精巧、文笔汪洋恣肆，尤其是使用了大量的寓言故事，趣味盎然。

骄傲的河伯（望洋兴叹）

在北方的大地上，有一条横贯东西的河流。它发源于青藏高原，蜿蜒穿过了许多地区，一路上有许多江河溪流汇入，最后昼夜不停地向大海奔腾而去。这就是黄河。

主管黄河的河神，叫河伯。河伯年纪不小啦，见的世面也不少，周边一圈神仙里，就属他懂得最多。大家都尊称他一声"老人家"，河伯也很为自己的博学而骄傲。

河伯最喜欢的季节是秋天。因为每当秋天来临的时候，凉爽的秋雨也会如约而至。连绵的秋雨丰盈了山林间的每一条溪流、原野上的每一条江河。而这些丰沛的河流，最终都会汇入河伯所管辖的黄河中。

秋天的黄河壮观极了！黄河的水量上涨，江面变得极其开阔。河伯站在河中的小岛上，向黄河两岸眺望，满意地欣赏着广阔的河流。正好此时有位牧民路过，河伯便亲切地向他打招呼："今天出来放牛吗？"牧民却笑着回答："你看错啦，我放牧的是马！"原来啊，因为河流太宽阔了，站在水中的小岛上，只能看到动物大致的轮廓。牛和马体型相似，很容易被认错，更别提河伯还是个老花眼，把马认成了牛。

虽然闹了个"认马为牛"的小笑话，但河伯心里却非常高兴，他开始得意起来，心想：黄河这么壮阔，这世上恐怕没有比黄河更壮阔的美景了吧？我这么厉害，得四处炫耀炫耀才行啊！

于是，河伯顺着奔腾的流水，向东边漂去。顺着流水漂啊漂啊，经过了好几个昼夜，河伯终于来到了大海。河伯赶紧去找海神若嘡嗑。这一路没人说话，可把他给憋坏了。见到海神，河伯刚想张嘴炫耀黄河的壮阔，可话还没到嘴边，他就愣住了。

原来，他注意到了浩瀚无际的大海。黄河虽然壮阔，但还是能看到岸边的土地。可是大海呢？无边无垠，哪怕向着东边极目远眺，也完全看不到一丝陆地的影子，仿佛海天相接了一般。他引以为傲的黄河，也仅仅是注入大海的河流之一罢了。

炫耀的话说不出口，河伯惭愧地低下了一直高昂着的头。他向着海神若感慨："曾经的我是多么无知啊！我看到黄河水流充沛，就以为谁都比不上自己。

如果不是看到大海的广阔无垠，我还局限在自己的小天地里得意呢！真是天上有天、人外有人啊！您比我厉害多了！"

海神若笑着摇了摇头："你看到万千支流汇入黄河，就以为黄河最壮观；看到黄河汇入无边无际的大海，就以为大海最壮观。但你想过吗，这片大海跟广阔的天地相比，又是多么的渺小？"

河伯彻底愣住了。当河神这么多年，他只想着自己的一亩三分地，还从未思考过黄河以外的世界。

海神若继续说："只有见识过更广阔的世界，才会知道自己的渺小。只有虚心找到自己的不足，才能够成长。如果只是满足于一点小成就，还因此得意扬扬，会被真正有知识的人嘲笑！"

听了海神的话，河伯若有所思地点了点头。

秋水时至，百川灌河。泾（jīng）流之大，两涘渚崖（sì zhǔ）之间，不辩牛马。于是焉，河伯欣然自喜，以天下之美为尽在己。顺流而东行，至于北海，东面而视，不见水端。于是焉，河伯始旋其面目，望洋向若而叹曰："野语有之曰'闻道百，以为莫己若'者，我之谓也。且夫我尝闻少仲尼之闻而轻伯夷之义者，始吾弗信，今我睹子之难穷也，吾非至于子之门，则殆（dài）矣，吾长见笑于大方之家。"

《庄子·外篇·秋水》

注释

- 时：按时令。
- 河：黄河。
- 泾：通"径"，直流的水波，此指水流。
- 涘：河岸。
- 渚：小洲。
- 不辩："辩"通"辨"。分不清。
- 旋：转，改变。
- 殆：危险。
- 大方之家：有学问的人。

　　秋天的雨水按时降临，千百条江河注入黄河。水流浩大宽广，两岸和水中沙洲之间连牛马都不能分辨。于是乎河伯欣然自得，认为天下一切美景全都聚集在自己这里。河伯顺着水流向东而去，来到北海边，面朝东边一望，看不见大海的尽头。在这个时候河伯转变了原来欣然自得的表情，面对海神若仰首慨叹道："有句俗话说，'听到了许多道理，认为没有人比得上自己'，说的就是我这样的人了。况且我曾听说有人认为孔子的见闻浅陋，伯夷的道义微不足道，开始我还不相信。如今我看见您的广阔无边，我如果不是来到您的面前，那就危险了，我会永远被有学识的人笑话了。"

庖丁的神刀（庖丁解牛）

厨神有一把神奇的刀。

厨神名"丁"。因为他的职业是厨师，因此按照古代人的习惯，他被人称作庖（páo）丁。这把刀庖丁已经用了十九年了，却依然像刚打磨出来那样崭新发亮。

眼馋这把刀的人可真不少。可无论谁来打听，庖丁都只有一句话："这不过是一把普普通通的刀罢了。"

神刀的名气越来越大，连国君文惠君都听说了。

文惠君非常好奇，想见识见识传说中的神刀。于是，便把庖丁招来表演他的拿手绝活——解牛。

一般人解牛，其实就是宰牛。但庖丁解牛，那精彩程度，简直堪比一场歌舞表演。因此，庖丁要为君王当场表演解牛的消息一下子就传开了。一传十，十传百，解牛那天，广场上围了个里三层外三层，全是慕名来看庖丁解牛的人。

这时，人群里有人说："庖丁解牛，其实全靠那把神刀啊！那把刀用了十九年，还跟刚从磨刀石上磨出来一样闪闪发亮呢！"又有人说了："我也见过那把刀，看上去平平无奇啊？""真有这么神吗？"大家七嘴八舌地聊了起来。

"来了来了！庖丁来了！"不知谁喊了一声，议论纷纷的人群一下子安静了下来。

只见庖丁衣着朴素，慢慢走来。他向国君行礼，又跟广场上的父老乡亲们打了招呼。随后，解牛表演正式开始。

只见庖丁缓缓拔出了刀，向牛走去。那一刻庖丁仿佛突然换了一个人似的。他时而用手掌托住牛腹，时而用肩膀顶着牛身，双脚和膝盖则稳稳固定着牛的身躯。更为神奇的是，庖丁的一举一动都那么优美，仿佛是伴随着音乐的节奏翩翩起舞。围观的群众也随着他的节奏轻轻摇摆。还有几个懂音乐的，甚至小声哼唱起了《桑林》和《经首》的旋律，那是自古流传下来的名曲。

没过一会儿，庖丁停下了手上的动作。一头健硕的牛已经赫然被分解得整整齐齐了。

观众中爆发出雷鸣般的掌声和叫好声。

坐在高位的国君激动极了。他大声地赞叹："没想到啊，您解牛的技艺竟然如此神奇，真是太有感染力了！"还没等庖丁回话，文惠君想起了那传说中的神刀："听说这把刀您用了十九年，能让我看看吗？"

庖丁擦掉了刀上的血迹，恭恭敬敬地呈给了国君。

文惠君和大臣们都惊呆了！只见那把解牛刀真的就像刚刚打磨出来一样锋利锃亮，连一点小小的磕碰和损伤都没有。

可这分明就是一把普普通通的解牛刀啊，庖丁究竟是怎样做到完美解牛的呢？

迎着大家好奇的目光，庖丁不慌不忙地回答道："其实也没什么稀奇的，我只是比较爱思考解牛背后蕴含的道理罢了。"

文惠君有点不相信："宰个牛还能有什么道理？"

庖丁回答道："其实我解牛的技巧也练了好多年呢。刚开始的时候，我眼睛里看到的只有一头完整的牛；等我练了三年后，眼睛看到牛，心里立刻就能想到这是牛的哪个部位。这时，我眼睛里看到的不再是一头完整的牛，而是牛被分解后的各个部位了。"

有点道理，文惠君若有所思地点点头，可是接着他又疑惑地追问了："那你究竟是如何做到一把刀用了十九年还是那么新的？这也是你通过解牛琢磨出来的道理吗？"

"没错！"庖丁回答，"大家有没有注意到，我刚才解牛时是闭着眼的？"

有些细心的观众观察到了。"我看到庖丁一直闭着眼睛呢！""我也看到了，还以为是自己看错了！"

大家七嘴八舌地说。

　　庖丁说："其实我现在解牛，根本不需要用眼睛去看。凭我现在对牛的了解，每一刀都用在最轻松省力的地方。比如牛的骨节间有缝隙，我用刀刃划入缝隙里，再顺着牛肉的脉络，就很容易地把肉分解下来了。那些筋骨盘结、容易伤刀的地方，我根本就不会去碰。这样下来，刀当然就不会有损伤啦。"

　　国君和大臣这时候才恍然大悟。"庖丁，真有你的！看来普普通通的解牛，也有一门大学问呢！"

庖丁为文惠君解牛。手之所触，肩之所倚，足之所履，膝之所踦^{yǐ}，砉^{xū}然响然，奏刀騞^{huō}然，莫不中^{zhòng}音。合于《桑林》之舞，乃中《经首》之会。

文惠君曰：“嘻！善哉！技盖^{hé}至此乎？”

庖丁释刀对曰：“臣之所好者道也，进乎技矣。始臣之解牛之时，所见无非全牛者。三年之后，未尝见全牛也。方今之时，臣以神遇而不以目视，官知止而神欲行。”

《庄子·内篇·养生主》

注释

- 庖丁：名“丁”的厨工。先秦古书中往往将职业放在人名前。
- 踦：支撑，接触。这里指用一条腿的膝盖顶牛。
- 砉然响然：形容解牛时发出的声音。
- 奏刀：进刀。
- 騞：象声词，形容比砉然更大的进刀解牛声。
- 中音：合乎音乐节拍。

- 桑林：传说中商汤时的乐曲名。
- 经首：传说中尧乐曲《咸池》中的一章。会指节奏。以上两句互文，即"乃合于桑林、经首之舞之会"。
- 盖：通"盍"，何，怎样。
- 释：放下。
- 神遇：心神感触。
- 官知止：感官的认知作用停止了。

译文

庖丁给文惠君宰牛，他全身与牛接触的部位，手触之处，肩顶之处，足踩之处，膝抵之处，各种动作精确利索。牛的皮骨分离的声音哗哗啦啦，或轻或重，响成一片。进刀解牛时嚯嚯有声，无不符合音乐的节奏，动作像是应和着《桑林》和《经首》舞曲的节奏以及乐章的节拍。

文惠君说："啊，妙极了！你的技术怎么会高超到这个地步？"

庖丁放下屠刀回答说："我所爱好的是道，已经远远超出了技术的范围。我刚开始宰牛时，所见到的都是整头的牛。过了三年之后，看到的就不再是整头牛了。时至今日，我宰牛时全凭心领神会，而不需要用眼睛看。眼睛看的作用停止了，而心神还在运行。"

没必要的战争（蜗角之争）

魏国的君主最近很生气！

宫殿里的水杯已经被国君摔碎了八个，花瓶砸了五个，桌子也被剑砍坏了三张。每天伺候国君的仆人也倒了霉，不是挨一巴掌，就是被踹一脚，总得挂点彩。

这不，国君又拿着剑开始乱砍了。伺候的仆人们吓得战战兢兢，生怕不小心打个喷嚏，大王的剑就让自己的脑袋搬家啦！

仆人甲说："总这么下去可不是办法呀，咱们得找人劝劝大王。"

"听说是田侯背信弃义，撕毁了跟大王的盟约，大王才这么生气。"仆人乙知道一些小道消息。

"没错！我前天当值的时候，听见大王要找刺客刺杀田侯呢。"仆人甲也赞同这个原因。

"不仅如此，大王还打算派公孙大将军率领二十万大军开战呢！"仆人丙心惊胆战地说。

"唉……"大家都叹起气来。

这不打仗的安逸日子才过了不到七年，一开战，老百姓们又要吃苦头了。

"哎！我想到一个人！惠子大人足智多谋，一定能劝阻大王出兵。"不知谁说了这么一句。周围的人都纷纷应和起来："对，惠子大人肯定有办法。"

"可是好像大王刚刚下令，不许惠子大人进宫，可能就是怕他反对自己出兵吧。"

这可怎么办？大家都沉默了。

正在这时，宫外有一位白发苍苍的老者求见国君。

"我叫戴晋人，今天来呢，是特意给大王献上一份奇特的礼物，大王看了肯定心情舒畅！"

奇特的礼物？国君有了一点点兴趣。"让他把礼物拿进来吧。"

戴晋人捧着一个盒子慢吞吞地来到国君面前："大王，请看，这可是件稀世珍宝。"

国君伸长了脖子去看。可是，盒子里装的居然是——

一只蜗牛！

"大胆！你这个老头，竟敢戏耍本王！来人，给我拖下去……"

"大王别急啊，且听老朽说说这蜗牛的神奇之处。如果说完了大王还不满意，那我随您处置便是！"

"嗯，好吧好吧，你且说说。"国君勉强同意了。

其实他也好奇，这普普通通的蜗牛，怎么就成了稀世珍宝呢？

"这只蜗牛左边的触角上，有一个国家。因为建国在触角上，又喜欢争斗，大家就叫它'触氏'。触氏有几百万人口。"

"胡说，小小一只蜗牛的触角上怎么还可能有国家呢？"

"您看不到是因为它的体积太小了。"戴晋人解释了一下，继续慢悠悠地说，"不仅如此，在这只蜗牛的右边触角上，也有一个国家。因为文明程度低，比较野蛮，叫'蛮氏'。触氏和蛮氏经常为了争夺地盘而打仗。每次打仗都非常惨烈，要死好几万人，战场上倒下的尸体都堆成小山了！血流成河，太惨了！"

"唉，这些百姓确实挺惨的。"国君听着戴晋人的描述，也觉得残酷。

"大王仁慈啊，触氏和蛮氏的君主要是能像大王您这样宅心仁厚就好了！"戴晋人趁机夸赞了国君，又接着讲下去，"这两个国家实力差不多，打仗呢也互有胜负。它们的首领很是仇恨对方，所以每次战争都要赶尽杀绝，哪怕有零星的几个逃兵，胜利的一方也要追着这些逃兵不放，至少要追十五天呢。"

"这就犯蠢了，兵法上都讲，穷寇莫追。而且，蜗牛触角上才有多大点地儿啊，这两个国家大动干戈，就为了还没芝麻大的地盘？愚蠢！"

"大王您说得太对了！"

戴晋人的称赞，让魏国国君的心情好了许多。

接下来，戴晋人把蜗牛放进了花园中，花园里有假山、池塘和茂盛的花木。

随后，他意味深长地对国君说："您看这只蜗牛在您的花园里，它会不会以为自己来到的是一个新的世界？"

"有可能。花园里的池塘假山，对蜗牛来说，跟山川湖海没什么区别。"

听到这句话，戴晋人向国君深深地行了一个礼："臣请问大王，我们处在广阔的天地中，与蜗牛在花园中，有什么区别呢？无论魏国还是齐国，都只是天地之间的小小蜗牛，那么您和田侯因意气之争而开战，与蜗牛角上的触氏和蛮氏又有何区别呢？您又怎么忍心让百姓们因此而血流成河呢？"

魏国国君一下子被问住了。他恍惚着思考戴晋人的问题。

这时，惠子再一次来到了王宫。国君没有再阻拦，而是恭恭敬敬地把惠子请了进来，请惠子为自己解答心中的疑惑。

惠子见到戴晋人，也恭敬地向这位老者问好。原来戴晋人正是受了惠子的委托，前来开解魏王的。

"大王，戴晋人老先生，是有大智慧的圣人。他的建议，贤明的君王都会虚心听取的。"

国君此时也恍然大悟，他庄重地说："寡人明白了。两位先生放心，寡人不会再与田侯开战了。"

惠子闻之，而见戴晋人。戴晋人曰："有所谓蜗者，君知之乎？"

曰："然。"

"有国于蜗之左角者，曰触氏，有国于蜗之右角者，曰蛮氏，时相与争地而战，伏尸数万，逐北旬有五日而后反。"

《庄子·杂篇·则阳》

注释

- 触氏：寓言中虚构的国名，取"争斗"意。
- 蛮氏：寓言中虚构的国名，取"野蛮"意。
- 伏尸：倒伏在地上的尸体。
- 逐北：追赶败逃之人。
- 旬有五日：有，同"又"，一旬是十天，又五日，共十五天。
- 反：通"返"。

惠子知道了，引见戴晋人。戴晋人对魏王说："有叫蜗牛的小动物，国君知道吗？"魏王说："知道。"戴晋人说："有个国家建在蜗牛的左边触角上，名叫触氏；还有个国家建在蜗牛的右边触角上，名叫蛮氏。它们时常为相互争夺土地而打仗，在战斗中倒下的尸体就有数万之多。战胜者追赶战败者，需要花去整整十五天才能撤兵而回。"

肝胆相照的损友（匠石运斤）

庄子有一个朋友，名叫惠施，人们也叫他"惠子"。庄子和惠子虽说是朋友，可是他俩呀，一见面就斗嘴。

庄子曾经狠狠嘲笑过惠子，说他把臭老鼠当个宝贝，还生怕别人来抢；而惠子呢，反过来嘲笑庄子是又大又笨的葫芦，一无是处。类似这样的"吵架"在《庄子》这本书里比比皆是。总而言之，这两人，就从来没有好好说过话！

看起来，庄子和惠子的关系不怎么好啊。直到惠子去世，人们都还认为庄子和惠子是对手。

有一天，庄子去参加一个葬礼。庄子的随从随手指着一个墓碑说："先生您看，您的老对手惠子也葬在这里啊！"

步履匆匆的庄子突然间停下了脚步。

随从们很奇怪,轻轻地喊着庄子:"先生,先生?您怎么不走了?"

庄子回过头,没有解释什么,而是给随从们讲了个故事。

从前,在楚国的国都郢(yǐng)都,有个很有名气的工匠,名字叫"石"。按古人的习惯,我们叫他"匠石"。

匠石对斧子的掌握简直是登峰造极!他能用巨大的开山斧削出绣花般精巧的图案。而且啊,他还有一个"绝活",看过的人都赞不绝口。

"今天匠石又要表演拿手绝活啦，大家快去看呀！"

"哎，等等，什么绝活儿？"

"嗨，你还不知道啊？赶紧跟我走吧！"

一时间，集市上围了不少人。

原来啊，匠石有位郢都当地的朋友，不小心在鼻子上粘了一些白色的灰土。灰土只有薄薄的一层，可是这位朋友不赶紧用手绢擦了，却跑来找匠石帮忙。

只见匠石抡起了一把大斧子，又急又快地向着那位朋友的鼻子劈了过去，斧子带起了一阵破空之声。这力道、这速度，要是砍在人的身上，准要闹出人命。周围的人担心得尖叫了起来，甚至还有人吓得闭上了眼睛。

可没想到，匠石的那位郢人朋友，看着大斧子迎面劈过来，却面不改色，甚至还带着一丝微笑呢。

刹那之间，巨斧划过。头破血流的场景并没有出现，仿佛什么事情都没有发生。

如果仔细看，还是有变化的——郢人鼻尖上那一层薄薄的白灰，已经被削去了，一点痕迹都没留。

原来，就在那电光石火的一瞬间，匠石竟然用一把大斧子，精准地削去了朋友鼻子上薄如蝉翼的灰土，而鼻子毫发无损。

围观的人们热烈地鼓着掌，纷纷夸赞匠石的本领高超。

一战成名，匠石出神入化的技艺被人们交口称赞，传得越来越广。过了几年，连宋国的宋元君都听到了这件事。宋元君很好奇，找来匠石，对他说："我听说了你用巨斧削去鼻尖灰尘的事情。这太神奇了，你能不能给寡人也试着削一削呀？"

匠石给宋元君行了个礼，说："我确实曾经能够用斧子削去鼻尖上的灰尘。但现在，这项技艺再也无法复制了。"

宋元君大为惊讶，问："这是为什么？"

匠石反问道："如果看到一把大斧子向您当头劈来，您会躲闪吗？"

宋元君想都没想就回答说："那肯定要躲！"

匠石说："对啊，一般人都会下意识地避开斧头的锋芒，只有对我绝对信任的人，才能面对着如风般劈来的斧子而神色自若。因为他知道我的技艺高超，绝不会失手。"说到这里，匠石停了下来，抹了一把眼泪，接着哀伤地说："那个愿意让我用斧子削去鼻尖灰尘的人，是我今生最好的朋友。可是我的这位朋友，现在已经不在人世了。从此以后，再也没人能像他那样了解我、信任我了。这项技艺，已经成为绝响了！"

讲到这里，庄子也不禁流下了悲伤的泪水。他对随从们说："我和惠子，就是这样的好朋友啊。"

随从们不解地说："您和惠子经常吵架，大家都以为你们是对手呢！"

庄子说："虽然看上去我们每次见面都在斗嘴吵架，但其实我们是在激烈地讨论彼此的观点和想法，不留情面地指出对方的漏洞。只有真正的好朋友才能如此无所顾忌地谈话啊！自从惠子去世之后，我竟然找不到一个可以辩论的人了！在这个世界上，谁还能比惠子更懂我呢？"

庄子在惠子的坟墓前待了很久很久，思念着自己的这位老朋友。

庄子送葬，过惠子之墓，顾谓从者曰："郢人垩
慢其鼻端若蝇翼，使匠石^{zhuó}斫之。匠石运斤成风，听而
斫之，尽垩而鼻不伤，郢人立不失容。宋元君闻之，
召匠石曰：'尝试为寡人为之。'匠石曰：'臣则尝
能斫之。虽然，臣之质死久矣！'自夫子之死也，吾无
以为质矣，吾无与言之矣！"

《庄子·杂篇·徐无鬼》

注释

- 郢：春秋战国时楚国的国都。
- 垩：白土。
- 慢：同"漫"，玷污，弄脏。
- 匠石：一个名叫"石"的匠人。
- 斫：砍削。
- 斤：斧子。
- 容：仪容。
- 虽然：即使这样。
- 质：借以施展技术的对象。引申为搭档，此指"郢人"。
- 夫子：先生，这里是对惠子的尊称。

译文

　　庄子去送葬，路过惠子的墓地，回头对跟从者说："郢都有个人，他的鼻尖上粘了像苍蝇翅膀那样薄的一点白灰。他让一个叫'石'的工匠用斧头削掉它。叫'石'的工匠挥起斧子，像一阵风似的，放手向鼻子砍去。白灰都砍掉了，而鼻子一点没受伤。那个郢都人站着面不改色。宋元君听说了这件事，召来这个工匠说：'你试着替我再做一遍。'工匠说：'我曾经的确能削去鼻子上的白灰，不过，我能如此施展的对象已经死了很久了。'自从惠子先生死后，我就没有对手了，我再也找不到辩论的对象了！"

《列子》

列子指的是战国时期的列御寇，他是道家思想的代表人物之一。《列子》这本书，一部分是列御寇本人的作品，也有一些篇章由后人补充。《列子》中记载了大量的寓言故事，将哲学道理蕴含于故事之中，是一部能够启迪智慧的经典名著。

养猴子的老翁（朝三暮四）

在战国时期的宋国，有一位老翁。他非常喜爱猴子，对猴子的种类和习性如数家珍。

我们普通人观察猴子，只能看到猴子的嬉戏玩闹。但这位老翁却厉害多了，他只看一眼猴子的动作或表情，就能看出猴子是开心还是难过，甚至还能知道这只猴子是饿了还是病了。而且啊，他最喜欢给孩子们讲猴子的故事，讲得可生动了，时不时还能学猴子的叫声和动作，孩子们也最喜欢围着他听故事。久而久之，人们都亲切地称呼他"猴子爷爷"。

有一次，猴子爷爷上山砍柴采药的时候，遇到了一只受伤的小猴子。这是一只刚断奶不久的小猴，背上有一道血淋淋的伤口，看上去像是被金雕之类的猛禽所抓。

旁边则是一只已经死去的母猴。小猴在母猴身边不停地呼唤着，好像很疑惑妈妈为什么一动不动。看到猴子爷爷走近，小猴子害怕得"吱吱"尖叫，却仍然靠着母猴，没有立刻躲藏起来。

猴子爷爷赶紧从背囊里掏出一个猕猴桃丢了过去，嘴里还说着："小猴别怕，爷爷不会伤害你的。"

小猴子大概是饿极了，抓着猕猴桃一口咬了下去。猴子爷爷趁机查看了小猴的伤口："还好，只是皮外伤，能治好。"猴子爷爷稍微放心了一点，"爷爷要帮你包扎伤口，不准乱动！"

小猴仿佛听懂了一般，"吱吱"答应了两声。

伤口总算是处理好了，可是现在小猴失去了妈妈，如果放任不管，它一定会饿死的。怎么办呢？猴子爷爷脑子转了转：不如收养这只可怜的小猴吧！

就这样，猴子爷爷带着受伤的小猴下了山。

村里的孩子们一直听猴子爷爷的故事，今天看到活的猴子，都激动坏了。他们从家里拿来了水果，想喂给小猴。孩子们的热情，让小猴子渐渐走出了失去妈妈的悲痛。

养了第一只，很快就有了第二只、第三只……

它们中，有跟族群走散的小奶猴，有因衰老而找不到食物的老猴，甚至还有因争夺猴王地位失败而受伤的大公猴……猴子爷爷收养的猴子越来越多啦！

村里的孩子们开心了，可猴子爷爷的老伴却不高兴了。"好你个老头子，你把粮食都给猴子吃了，我们吃什么？"

猴子爷爷的儿女们不好意思直接批评父亲，但眼神里也满是不赞同。

猴子爷爷赶紧安抚老伴："你看看这些猴子，多乖巧，它们都能听懂我说话呢。它们乖乖待着，从没给咱们家里捣过乱，还能帮咱们赶走老鼠呢。"

"赶个老鼠也不用养这么多吧？你看看咱们家，米缸都见底了！你到底是要亲儿孙，还是要你的猴子猴孙？"

"消消气，我来想办法，一定不饿着家人！"猴子爷爷赶紧承诺道。

上哪儿去给猴子们找食物呢？猴子爷爷愁得四处转悠，不知不觉走到了山下那片野生的橡树林中。

"哎哟，什么砸了我？"他定睛一看，原来是橡树的果实成熟了，砸在了自己的头上。橡果的味道有点苦，所以村里人都不爱吃，根本没人采。

看到这圆溜溜的橡果，猴子爷爷有了主意。"虽然苦了点儿，但可以充饥，猴子的口粮有着落啦！"

而且啊，因为不用自己辛苦寻找食物，猴群们的生活越来越安逸了，对食物也没那么珍惜了，甚至还开始挑食和浪费。这样可不行！猴子爷爷打算借着橡果"教育"一下猴子们。

"从明天开始，咱们吃橡果。"猴子爷爷拿出一颗橡果给猴子们看。

　　"早上三颗，晚上四颗，够了吗？"

　　才三颗？这怎么够吃呢？猴子们气坏了，纷纷跳起来龇牙咧嘴。

　　"这样啊，那就早上四颗、晚上三颗吧。这总该够吃了吧！"猴子爷爷装出勉为其难的样子，表情非常不情愿。

　　听到比刚才多了一颗果实，猴子们开心坏了，纷纷趴在地上乐呵，有两只小猴甚至高兴得打起了滚儿。

　　这不是一样吗，每天都是七颗橡果。它们可是猴子啊，你怎么能指望猴子会做十以内的加减法呢？

　　不管怎样，猴子爷爷的目的也达到了。

　　对这些自己"努力争取"才获得的橡果，猴子们格外珍惜，把它们一个个都当成宝贝，极其小心地藏好；吃的时候呀，一丁点儿都不舍得浪费。

宋有狙公者，爱狙，养之成群，能解狙之意；狙亦得公之心。损其家口，充狙之欲。

俄而匮焉，将限其食。恐众狙之不驯于己也，先诳之曰："与若芧，朝三而暮四，足乎？"众狙皆起而怒。

俄而曰："与若芧，朝四而暮三，足乎？"众狙皆伏而喜。

《列子·黄帝》

注释

- 狙公：养猴子的老头。狙：猴子。
- 口：口粮。
- 俄而：一会儿，不久。
- 匮：缺乏。
- 驯：驯服，顺从，听从。
- 诳：欺骗。
- 芧：橡树的果实。

　　宋国有一个养猴的老人，很喜欢猴子，养了成群的猴子。他了解猴子的性情，猴子也懂得他的心意。老人削减他全家人的口粮，来满足猴子们的食欲。不久，家里缺乏食物了，他将要限制猴子们的口粮，但又怕猴子们不肯听从自己，就先欺骗猴子说："给你们吃橡果，早上三颗，晚上四颗，够吗？"猴子们跳起来，很生气。过了一会儿，老人又说："给你们吃橡果，早上四颗，晚上三颗，够了吧？"猴子们都伏在地上，十分高兴。

歌神的传说（余音绕梁）

战国的时候，秦国有一位著名的歌唱家，名叫秦青。他太有名气啦，相当于咱们现在的歌坛超级明星。所以，很多人都慕名而来，向他学习。其中，最得他真传的一位徒弟，名叫薛谭。

想听秦青唱歌的人太多了，像什么将军啦、丞相啦，甚至王宫里的妃子们都是秦青的"粉丝"，排着号请秦青去表演。秦青一个人怎么能忙得过来呢？他就把学得不错的徒弟们推荐出去，分担一下自己的压力。

就这样，薛谭也渐渐被这些有权有势的人认可了，还经常能够得到丰厚的礼物，什么塞外的骏马、南海的珍珠、雪山的狐裘、精美的丝绸……

现在薛谭浑身上下穿戴华贵，出门也

乘坐着威风的马车。他得意极了，心想："我再也不是以前那个普普通通的薛谭了，我现在是大明星！"

薛谭越来越骄傲，终于有一天，他向师父秦青告别："师父，现在我走到哪里都有人赞美！我认为自己已经学有所成了，特向您告别。"

秦青没有挽留，只是说："那我送一送你吧。"

秦青把徒弟送到了大路边，说："师父也没什么礼物给你。就送你一首歌好了。"于是，秦青放声唱起歌来。

一瞬间，薛谭看到身边树木的枝叶开始纷纷摇动，仿佛被歌声震撼了。抬头往天上一看，那歌声的威力甚至让飘浮的云朵都停滞下来。

薛谭全身感到一种无形的压力，压得他跪在地上，无法起身。这时他才知道，自己跟秦青的差距有多大！

"师父，我错了！我再也不敢自以为是了！您的歌声连自然万物都能震撼，您是真正的歌神啊！"

"不，你错了。我离歌神的距离，还很远……"

"什么？难道还有比您厉害的歌者吗？"

秦青看了一眼徒弟，缓缓地讲起那个神奇的、传说中的歌者。

"她既没有财富，也没有名声，只是一个看上去普普通通的少女，不，甚至不是普通，而是凄惨。因为，她是一个饥荒战乱中的乞丐，无家可归……"

那天，韩娥流浪到了齐国。她其实不记得自己走了多远的路，只记得自己是从家乡出发的，一路向东走。缺粮、缺药，一路上不断有人倒下，就再也没有起来，那里面有自己的朋友、乡亲。

当她抬起头看到那座庄严的雍门时，她身边连一个认识的人都没有了，只剩下她自己。

韩娥又累又饿。瘦弱的她依靠着城门，向来来往往的人乞讨一点食物。幸好，她有美妙的歌喉。来来往往的人听到她的歌声，都不自觉地停下了脚步，甚至放轻了呼吸，怕扰乱了这天籁般的声音。一曲唱毕，人们纷纷拿出仅有的一点点食物，双手递给韩娥。

"姑娘，你唱得太好听了。这点吃的不算什么，你快拿着吧。吃饱了才有力气唱歌啊！"

"谢谢大家，你们太善良了，谢谢你们！"

第二天，人们又听到了美妙的歌声。大家都拿着食物出门寻找韩娥，可是找来找去，怎么哪里都没有韩娥的踪影呢？

第三天，"昨天靠着城门口唱歌的那个姑娘呢？"人们问守城的士兵。

"她呀，一大早就走了。"

原来，韩娥早就离开了雍门，可是歌声却萦绕在屋梁中，久久不散，仿佛是在感谢这些善良的人。

韩娥并不知道雍门的父老乡亲对自己的关心。她一路走啊走啊，实在是累极了。这些天，她露宿过荒野、树林、街头……现在她太渴望能有一张床，让她好好睡上一觉了，哪怕只是最普通的木板床呢。

韩娥咬了咬牙，向旅店走去。

"请问，我可以在你们这里住一晚吗？"韩娥怯生生地问。

旅店的主人瞟了一眼韩娥，见她穿得破破烂烂，一副穷酸样，于是爱答不理地说："住店是要花钱的，你有钱吗？"

"没有。但是，我可以唱歌来交换。昨天在雍门，大家都很喜欢我的歌……"

韩娥的话还没说完，就被打断了。

"滚滚滚，你个穷鬼！唱歌？你的歌声是能吃还是能穿？"

"我只要住没订出去的最低等的客房就好，而且我还可以在大堂为旅客唱歌，可以吗？"

"宁可空着我也不给你住！你看你这身上穿的什么破衣服，别把我的房间弄臭了。臭乞丐，赶紧滚！"

旅店主人用力把韩娥推了出去。瘦弱的韩娥直直地摔在门口的大路上，全身痛极了，好半天都无法从地上爬起来。

来来往往的人则围成一圈，叽叽喳喳，却没有一个人上去扶韩娥一把。

旅店主人看到门口围着人，生气了。他走出门，用力地踢韩娥。"臭乞丐，要死也死远一点，别躺在这影响我做生意。"

韩娥费力地撑起身体。她看着充满恶意的旅店主人和冷漠的围观者，心里难过极了。一曲悲伤至极的曲调慢慢响起，声音绵长哀婉，如泣如诉。在这歌声中，韩娥一瘸一拐地向前方走去，身影越来越远。

韩娥走了，可那歌声还留在路上。路两边的住户们，脑海里一直萦绕着韩娥的歌声。

"妈妈，这歌讲了什么故事呀？我听得好想哭。"小孩子揉着眼睛。

"听到这个就想起过去吃过的苦，心里难受，根本吃不下饭。"老爷爷叹气说。

十里长路，路边家家流泪、户户哀哭。

第一天。

第二天。

直到第三天，韩娥哀伤的歌声还在路上回响，不肯散去。

"太难过了，我已经三天吃不下饭了。"

"我也是，我们全家都哭了三天。家里老爷子已经病倒了。"

"这样不行，我们快去把那个唱歌的姑娘追回来吧！"

于是人们匆匆忙忙去追赶韩娥。追了很远，终于在一棵树下找到了她。韩娥靠着树，双目紧闭，呼吸微弱。摔倒受的伤只是随意地包扎了一下，衣服血迹斑斑，更加破烂了。

看到奄奄一息的韩娥，追上来的人们愧疚极了。如果当初没有伤害她，如果有人为她说一句好话，韩娥都不会像现在这样虚弱……

人们拿出水和食物，慢慢喂入韩娥口中。

韩娥终于醒了过来。她睁开眼，惊讶地看着身边围着的人。

"姑娘，是我错了。我不该骂你、踢你。"旅店主人狠狠打了自己一巴掌。

"我们错了，我们不该见死不救。你原谅我们吧。"大家异口同声地向韩娥道歉。

韩娥原谅了他们。

回到了旅店，韩娥又唱起了歌。奇怪，歌曲还是原来那个调子，但这次的歌声里却充满了喜悦。

原本被哀歌折磨的人们一下子就忘记了刚才的悲伤。他们的脸上洋溢着幸福的笑容，跟着歌声拍着手，孩子们还随着音乐节拍跳起了舞，道路两旁一下子变得热闹非凡。

人们恳请韩娥就此定居下来，跟他们成为邻居。

韩娥拒绝了。

"这看不见、摸不着的歌声，却能深深影响着人们，让人们或喜或悲。这就是音乐的奥秘啊。我要继续流浪，去探寻音乐的真谛。"

故事讲完了，薛谭却沉浸其中，想象着韩娥神奇的歌声，久久不能回过神来。

秦青感叹道："真正厉害的音乐家，从来都不靠威风的外表吓唬人，也不靠复杂的技巧震慑人，而是能够调动听众的情绪，让人们在不知不觉中为他喜悦、为他悲伤。什么时候你能拥有这种打动人心的力量，才有资格说自己是大明星。"

原文

昔韩娥东之齐，匮粮。过雍门，鬻歌假食。既去而余音绕梁㭿（lì），三日不绝，左右以其人弗去。过逆旅，逆旅人辱之。韩娥因曼声哀哭，十里老幼悲愁，垂涕相对，三日不食。遽（jù）而追之。娥还，复为曼声长歌。十里老幼喜跃抃（biàn）舞，弗能自禁，忘向之悲也。乃厚赂发之。故雍门之人至今善歌哭，仿娥之遗声。

《列子·汤问》

注释

- 匮：缺乏。
- 雍门：齐国的一座城门。
- 鬻歌：卖唱。
- 㭿：中梁。
- 逆旅：客栈。
- 遽：立刻，匆忙。
- 抃：拍掌。
- 厚赂：赠送丰厚的财物。

译文

　　以前韩娥向东到齐国去，缺乏粮食。经过齐国城门雍门时，卖唱求取食物。韩娥已经离开了，但余音还在屋梁缭绕，三日不断，附近的人都以为她还没有离开。韩娥经过旅店，旅店的人欺负她。韩娥为此拖着长音痛哭不已。她那哭声弥漫开去，竟使得整个乡里的人们，无论男女老幼都感到悲伤，大家泪眼相向，三天吃不下饭。人们急急忙忙去追赶韩娥。韩娥回来以后，又用曼妙的嗓音为他们放声长歌，十里之内的老人和小孩个个欢呼雀跃，鼓掌助兴，喜悦得不能控制自己，将以往的悲苦都一扫而光。于是人们就送给她丰厚的财物，送她离开。所以齐国雍门附近的人们，到现在还善于欢歌、痛哭，仿效韩娥流传下来的声音。

不识主人的狗（杨布打狗）

杨朱是春秋战国时期一个很有名气的学者。他的学说自成一派，有很多追随者。他还有一个弟弟，名叫杨布。兄弟俩都挺有学问，平时很受乡亲的尊重。

杨布有一条从小养到大的白狗，名叫小白。小白很喜欢杨布，只要杨布出门，小白都会趴在篱笆边耐心地等候杨布；只有等到主人回家后，它才会去吃饭，非常忠心。

有一天，杨布要外出访友。为了表示对朋友的重视，他专门挑了一件刚洗干净的白色衣服，穿戴得整整齐齐。

可是很不巧，杨布出门走了没多远，天就下起了雨，杨布发现自己忘了带伞。一开始是绵绵小雨，杨布没放在心上，他心想，快到朋友家了，这点雨没事。

没想到，突然之间雨势变大，成了倾盆暴雨！杨布赶紧跑了起来，可刚跑了两步，就"哧溜"一声滑倒了。

虽然没有受伤，但整洁的白衣服沾满了泥巴，成了一件"泥水袍"。

到了朋友家，朋友见杨布狼狈不堪，浑身都湿透了，赶忙找出一件黑色的外衣，让杨布换上。

夕阳西下，外出劳作的人陆陆续续都回家了，可杨布还没有回来。家人们围坐在餐桌旁，而看家的狗狗依然忠实地守候在篱笆边，等待自己的主人。

忽然，小白的耳朵"嗖"地一下竖了起来——有脚步声！这脚步声听起来像是主人。

脚步声更近了，小白灵敏的鼻子已经闻到了主人熟悉的味道，它高兴得一下子站了起来，围着篱笆开始转圈，仿佛欢迎着主人的归来。

杨布走了很远的路，又淋了一场雨，现在终于到家了。他打开了院门。

小白正想一头扎到主人怀中撒个娇，却一下子顿住了脚步。咦，奇怪，主人走的时候明明是白色的，怎么现在却变成了黑色？一定是有小偷冒充主人！

"汪汪！"小白夹紧尾巴，摆出攻击的姿势，向走进家门的这个"冒牌主人"发出威胁的叫声，好像在警告："不许进来，再靠近我就咬你了。"

杨布一只脚刚踏进家中，想好好休息一下。这时，一条黄色的身影蹿了出来，把他吓了一跳，差点摔倒。他定睛一看，居然是小白拦在家门口，阻止自己进入自家屋内。

杨布气坏了。本来今天淋雨赶路心里就不痛快，好不容易回到家还被狗给拦住了。杨布从门口抄起一根木棍，嘴里还骂着："你这条傻狗，连主人都不认识了？看我不好好揍你一顿！"

正在屋里吃饭的杨朱听到了外面的吵闹声，出来看看发生了什么事，正好看到杨布挥舞着木棍向小白打去。"杨布住手！"杨朱赶紧阻止了弟弟，"小白你也别叫了，是你的主人回来了！"

杨朱上前按住了狂叫的小白，抚摸着它的头，渐渐地，小白安静了下来。

杨布悻悻地把木棍丢到了一旁，黑着一张脸走进屋内。

细心的母亲发现杨布的衣服变了颜色，问他："我记得你出门穿的好像是白衣服吧？"

这时，杨朱也发现弟弟的衣服变了颜色："对啊，怎么变成了黑色呢？怪不得小白认不出你来了。"

杨布委屈地向家人倾诉着自己这一路的辛苦，顺便控诉了忘恩负义的小白。

杨朱听着弟弟的抱怨，又好气又好笑。他劝慰弟弟说："你也别生气啦。其实啊，你跟小白在认人方面没有区别。"

杨布听到哥哥这么说，一下子火了："什么？你敢骂我是狗？"

杨朱赶紧解释："我的意思是说，小白认错你，情有可原。你想想，如果小白早上出门的时候还是一条白狗，晚上回到家却变成了一条黑狗，你能放它进家门吗？"

杨布想了想，反驳哥哥说："白狗变黑狗，差别太大了，认不出来理所当然。如果我从头到脚都变得黑漆漆，小白认不出我也就算了。但我只是换了一件衣服而已啊！"

杨朱意味深长地说："你觉得你比小白厉害，换件衣服就能混淆小白的分辨能力。你想想，如果一个你不认识的人穿着华丽至极的衣服，你会不会判断他是个非富即贵的人？归根到底，你跟小白一样，也是靠衣服来认人啊。"

杨布哑口无言。他不得不承认，哥哥的话有道理。

　　杨朱之弟曰布，衣素衣而出。天雨，解素衣，衣缁衣而反。其狗不知，迎而吠之。杨布怒，将扑之。杨朱曰："子无扑矣，子亦犹是也。向者使汝狗白而往黑而来，岂能无怪哉？"

《列子·说符》

注释

- 杨朱：先秦哲学家。
- 衣素衣：穿白衣服。
- 缁：黑色。
- 扑：打、敲。
- 向者：刚才。

　　杨朱的弟弟叫杨布，他穿着件白色的衣服出门了。天下起了雨，杨布便脱下白衣，穿着黑色的衣服回家。他家的狗没认出来是杨布，就迎上前冲他叫。杨布十分生气，准备打狗。杨朱说："你不要打狗，你也像它一样。假如刚才你的狗出门前是白色的，回来变成了黑色的，你怎么能不感到奇怪呢？"

奇特的相马人（九方皋相马）

春秋战国时期，各个国家之间的战争非常频繁。不过，当时既没有飞机也没有大炮，打仗都是靠士兵们拿着刀剑去厮杀。

在所有的部队中，骑兵部队是最厉害的。骑兵们骑在马上，比普通士兵高出了半个头，打起仗来占尽优势。更别说马的速度要远远超过人的跑步速度，无论进攻还是撤退都灵活极了。

骑兵最重要的就是马了，在那个时候呀，哪个国家能够拥有一匹举世无双的千里马，不亚于现在拥有了核武器，别的国家想跟它打仗都要掂量掂量。

这千里马太罕见了，要想从一大群马里找出一匹千里马相当不容易。有些高头大马，看上去很威风，却不能日行千里。

当时最擅长相马的人，名叫伯乐。他

曾经从一名盐商手里救下一匹奄奄一息的瘦马，经过精心喂养后，大家发现，这居然是一匹千里马！

伯乐深受秦穆公的欣赏。但是有一天，他对秦穆公说："大王啊，我年纪大了，实在是干不动了，让我退休吧。"

秦穆公很想挽留，但伯乐确实年迈了，他不好意思再让伯乐继续工作，于是问道："您家里有谁能替您帮我挑选千里马吗？"

伯乐摇了摇头："千里马跟一般的好马不一样啊，普通的好马看外表就能看出来，但千里马要看的是马的天赋高不高。我家的孩子们本事不够，只能看看一

般的好马，但识别不出千里马。"

秦穆公着急了："那您退休了，我可怎么办啊？周围的国家虎视眈眈，我们一定要找到千里马才行呀！"

伯乐想了想，对秦穆公说："我知道一个人，名叫九方皋（gāo）。他相马的本领似乎比我还要高呢。"

秦穆公立马乐了："快快快，请这位先生帮我寻找千里马。无论他想要金银财宝还是做大官，我都能满足他。"

在伯乐的推荐下，秦穆公见了九方皋。可是看到其本人，秦穆公心里有点犯嘀咕："这人怎么如此不讲究。衣服也不知道多久没洗了，脸和手也脏乎乎的。"可是冲着伯乐的面子，他没有把这些话说出口。

　　就这样，九方皋接受了任命，踏上了寻找千里马的旅程。

　　过了三个月，正当秦穆公吃午饭的时候，下属们传来了好消息："大王，大王，九方皋回来了！千里马找到啦！"

　　秦穆公激动得饭也不吃了，问九方皋："在哪里找到的？"

　　九方皋回答："在一个叫沙丘的地方，离咱们国家还挺远呢。"

　　秦穆公兴奋地追问："快给我说说，是一匹什么样的马呀？"

　　"是一匹黄色的母马！"

　　秦穆公赶忙派人去把千里马取回来。

　　"黄色的马，那就给它配黑色的马鞍吧！"秦穆公心里美滋滋地盘算着，吩咐手下去准备马鞍。

　　没过几天，取马的人到了沙丘。可是一看马，大家都傻眼了，不是说黄色的母马吗？怎么变成了黑色的公马！

马鞍也准备了！黑马怎么能配黑鞍呢？一坨黑，难看！

秦穆公非常不高兴，派人把伯乐叫来。一看到伯乐，他就把手边的酒杯重重地往地上一摔，大发了一通脾气："你瞅瞅，你推荐的人也太差劲啦！他连公马和母马都搞不清楚！三岁的小孩都不会认错黄色和黑色，他居然能把马的颜色认错。就这种人，还能指望他找到千里马？"

伯乐了解了事情的经过，非但没有慌张，反而感慨万千地长长叹了一口气："九方皋相马的本领居然厉害到这个地步了？比我强了千百万倍啊！"

秦穆公听了伯乐这话，顿时目瞪口呆："你还夸他厉害？你是老糊涂了胡说八道吗？"

伯乐不慌不忙地解释了起来："大王，您还记得，我之前跟您说过普通的好马与千里马的区别吗？"

秦穆公是个爱马的人，他记得清清楚楚："普通好马看外表就能分辨出来，千里马得看马的天赋。"

伯乐点了点头："没错！"

"这跟他分不出公母、认不出颜色有什么关系？我告诉你，你可别想着包庇九方皋。我看他就是个大骗子！"秦穆公气呼呼地用手指着伯乐。

伯乐依然不慌不忙："您误会九方皋了。既然千里马最重要的是天赋，那它是公是母，是白是黑，根本就不重要。九方皋一心只关注马的骨骼结构是否完美、爆发力有多强这些专业问题，至于无关紧要的外表，他完全没有放在心上，当然有可能说错了。您要是问他马的专业问题，他绝不会出错。"

看着秦穆公将信将疑的样子，伯乐又风趣地补了一句："九方皋何止是不关心马的外表，他连自己的外表都毫不在意呢。大王您看他那一塌糊涂的穿着打扮。"说完，还笑着摇了摇头。

秦穆公想起九方皋一副脏兮兮的样子，确实也不像是一个把外表放在心上的人。

"那好吧，看在你的面子上，今天先饶过他吧。等马送到了再说。哼哼，要是胆敢欺骗本王，让他脑袋搬家！"

十天过去了，九方皋的脑袋还好端端地长在他的脖子上。

　　原来，马取回来后，大家都惊呆了。从没见过骨骼如此匀称、身体如此矫健的骏马。它跑得如疾风一般快，却脚步轻盈，不会扬起大片的尘土，仿佛踏雪无痕。

　　"这真是我见过的最好的马了！"所有人都这样说。

　　虽然看错了颜色和公母，但九方皋确实找到了一匹举世无双的千里马！谁能想到，在他不拘小节的外表之下，还隐藏着如此高超的相马技艺呢？

穆公见之，使行求马。

三月而反报曰："已得之矣，在沙丘。"

穆公曰："何马也？"对曰："牝而黄。"

使人往取之，牡而骊。

穆公不说。召伯乐而谓之曰："败矣！子所使求马者，色物、牝牡尚弗能知，又何马之能知也？"

伯乐喟然太息曰："一至于此乎！是乃其所以千万臣而无数者也。若皋之所观，天机也。得其精而忘其粗，在其内而忘其外。见其所见，不见其所不见；视其所视，而遗其所不视。若皋之相者，乃有贵乎马者也。"

马至，果天下之马也。

《列子·说符》

注释

- 使行求马：派遣他到外面去找千里马。
- 牝：雌性。
- 牡：雄性。
- 骊：纯黑色的马。
- 说：通"悦"，高兴。
- 败矣：坏了、糟了。
- 色物：色，纯色；物，杂色。两者指的是马的颜色。
- 喟然：叹气的样子。
- 太息：长叹。
- 天机：天赋的品性。
- 遗：放弃，舍弃。
- 天下之马：天下无双的好马。

译文

秦穆公接见了九方皋，派他去寻找千里马。

过了三个月，九方皋回来报告说："我已经找到了，就在沙丘。"

秦穆公问道："是什么样的马呢？"

九方皋回答说："是匹黄色的母马。"

秦穆公派人去取马，却是匹黑色的公马。

秦穆公很不高兴，召见伯乐并对他说："真糟糕！你所推荐的那个相马的人，连毛色、公母都不知道，又怎么能鉴别马的优劣呢？"

伯乐长叹了一声，说道："九方皋相马竟然达到这样的境界了！这正是他胜过我千万倍乃至无数倍的地方！九方皋他所观察的是马的禀赋。深得它的精妙，而忘记了它的粗糙之处；明悉它的内部，而忘记了它的外表。九方皋只看见他所需要看见的，看不见他所不需要看见的；只观察他所需要观察的，而忽略他所不需要观察的。像九方皋这样的相马，比千里马本身的价值更高。"

马到了，果然是一匹天下难得的好马。

《韩非子》

韩非是战国时期韩国的贵族，也是法家思想的代表人物。据说他口吃，不善言谈，但善于著书。秦王读了他的文章后，对他推崇至极。由此却引来李斯的嫉妒，陷害韩非使其死于狱中。后人整理他的作品，编撰成《韩非子》一书。《韩非子》逻辑严密，文字犀利，并且善于运用寓言故事阐明观点，在先秦文学中具有独特的风格。

守信用的家长（曾子杀猪）

孔子有个得意门生，名叫曾子。曾子这个人非常守信用，只要他承诺了的事，一定会想方设法做到，父老乡亲们都对他交口称赞。

有一天，曾子的妻子起了个大早，匆匆忙忙做了早饭，然后找出了一个大背篓，还穿了一身方便活动的衣裳。原来，今天正值十五，是赶大集的日子，妻子要出门去大采购。

可奇怪的是，妻子在做这一切的时候，都是轻手轻脚的，好像害怕惊动了什么人。

终于收拾好了一切，妻子向曾子指了指卧室的门，曾子则心领神会地点了点头。妻子背起背篓，偷偷溜向了门口，蹑手蹑脚地打开了门。

眼看妻子马上就要成功"出逃"，可

守在院子里的看门狗却坏了大事！它看到了主人的身影，激动得"汪汪"叫了起来。这犬吠，打破了清晨的宁静，也唤醒了卧室中熟睡的人。

只听"吱呀"一声，卧室的门开了，屋中跑出了一个小小的身影。曾子一看，儿子醒了，急忙上前想抱住孩子。可是儿子看都没看他一眼，胖胖的小手一把就抓住了妈妈的衣服，嗷嗷大哭起来。

大概是妈妈全副武装准备"逃跑"的样子太让人生气了吧，所以无论妻子和曾子怎么哄，讲道理、说好话，都没用！宝宝很伤心，根本就哄不好，那哭声都快要把房顶掀翻了。

夫妻两人一筹莫展。看到孩子哭得红红的鼻头，妻子突然想起了今年过年吃肉时的情景。普通人家一年才能吃上一次肉，儿子左手拿着一块红烧肉，右手拿着一块排骨，吃得别提有多香了，连鼻子沾了酱料都顾不上擦。

计上心来！妻子试探着对孩子说："宝宝别哭了，娘去集市上买菜，回来杀猪给你做肉吃好不好？"

吃肉？好像可以！儿子的哭声一下子停了，还吹出了两个鼻涕泡泡。

曾子趁机一把抱过儿子，妻子终于出了家门。

在集市上经过一番讨价还价，妻子把背篓装得满满当当，高高兴兴回到了家。

可刚走到家门口啊，就听到家里传来"霍霍"的磨刀声。妻子推开门一看，家里养的那头黑母猪赫然躺在院子中央，四只蹄子被捆着，向她投去了可怜巴巴的求救目光。

而曾子正在一边卖力地磨着刀。儿子则蹲在旁边

给老爸"加油"，兴奋得小脸通红。

"哎哟！你们这是干吗？为什么捆大黑？"妻子满脑袋问号。

"你忘了吗？不是说给儿子杀猪吃吗？我这赶紧把杀猪刀找出来了，都生锈了，我磨了一早上呢。"曾子扬了扬磨得锃亮的杀猪刀。

"我那是跟孩子说着玩的，怎么你也当真啦！"妻子笑着说。

一听没有猪肉吃，儿子的嘴瘪了瘪，眼看就要开始哭。

"我从不开这种玩笑，哪怕是跟小孩子也一样，承诺了的事一定要做到。"曾子脸上一点笑容也没有。

妻子听了他语气严肃的话，非常委屈地问："你难道以为我是心疼猪而不想让孩子吃肉吗？现在杀了猪，咱们过年吃什么？"

看到爸爸妈妈为了杀猪吵起来，懂事的儿子拉了拉爸爸的袖子："爹，咱家就这一头猪，我不吃了，等过年时再吃吧。"

曾子摸了摸孩子的头，对着妻子缓和了语气："我也知道咱们家并不富裕。但是我要杀猪是为了媳妇你好啊！"

"为了我好？"妻子莫名其妙。

"你想想吧，你明明答应了儿子要杀猪，却又说话不算数。这是欺骗孩子！你欺骗孩子，孩子以后还会相信你吗？"

"什么？熊孩子还敢不相信我？我是他娘！"

"小孩子什么都不懂，父母怎么教，他就怎么学。今天的事儿，你以为是在开玩笑，可在孩子看来，你明明答应了吃肉却又反悔，这就是欺骗。咱们做父母的，要是把欺骗教给了孩子，那是害了孩子，更害了我们自己！"

"我真的只是说着玩的！"妻子意识到了自己的错误，但并不认为会产生像曾子说的那么严重的后果。

"你觉得吃肉是个小事，可以说着玩。明天孩子拿了别人家一块肉，他也会觉得是小事。等以后他也许还会觉得拿别人家的金银也是小事！那时候你再教育他，晚了！"曾子非常严肃，"今天必须听我的，无论多小的事，必须说到做到，这是咱家的家教！"

看着丈夫坚持的神色，妻子只好点了点头。其实，她心里早就认同了丈夫的说法。教孩子，嘴上说什么都不重要，最重要的是父母的以身作则。

"有猪肉吃喽！爹娘说话算数，以后我也要像爹娘一样，绝对不说谎。"儿子高兴得跳了起来。

　　曾子之妻之市，其子随之而泣。其母曰："女还，顾反为女杀彘（zhì）。"妻适市来，曾子欲捕彘杀之，妻止之曰："特与婴儿戏耳。"曾子曰："婴儿非与戏也。婴儿非有知也，待父母而学者也，听父母之教。今子欺之，是教子欺也。母欺子，子而不信其母，非所以成教也。"遂烹彘也。

《韩非子·外储说左上》

注释

- 之市：到集市去。之，到。
- 女还：你回去吧。女，通"汝"，你。
- 反：通"返"，返回。
- 彘：猪。
- 特与婴儿戏耳：只不过与小孩子开个玩笑罢了。特……耳，不过……罢了。戏：开个玩笑。
- 成教：教育有效果。

　　曾子的妻子到集市去，她的儿子跟在后边哭泣。妻子对儿子说："你回去，等我回家后给你杀猪吃。"妻子从集市回来后，曾子就要去抓猪杀掉。妻子制止他："（我）只不过是与小孩子开玩笑罢了。"曾子说："小孩子是不能和他开玩笑的。小孩子没有判断力，等着向父母学习，并听从父母的教诲。现在你欺骗他，是在教他学会欺骗。母亲欺骗孩子，孩子因此就不相信自己的母亲了，这不是教育孩子该用的办法。"于是曾子把猪杀掉煮了吃。

打仗前的准备（吴起攻亭）

人们常说，天上不可能掉馅饼。如果真的有个馅饼掉在你面前，那背后一定有阴谋！

可是，魏国西河郡的百姓们一睁眼，却发现好大一个馅饼就明晃晃地摆在了自己面前！

早上一大早，西河郡城门口的布告栏里就贴出了郡守吴起的最新公告：谁能把北门外的这根车辕搬到南门外去，就赏他上好的田地，再加一所新宅院。只有一个名额，先到先得。

"真的假的？""什么样的车辕？居然能值上好的宅院和田地？"百姓们纷纷向张贴布告的小官吏打听。

"你们看看这郡守的印章，还能有假？"小官吏指了指布告栏，"吴起大人的话，你们还不相信吗？”

“那还等什么，赶紧去北门！”不知人群中谁喊了一声，一群人呼啦啦都向着北门跑去，那争先恐后的样子，差点搞出踩踏事故。

到了北门，门口已经围着一圈人了。

只见门外的城墙边，孤零零倚靠着一根车辕。

那时是春秋战国时期，马车的结构很简单，就是用一根粗壮的长木，把车厢和马匹连接起来，这根长木就是车辕啦。虽然能当车辕的木头要比普通木头结实一点，但也没有多沉。平时在田里劳作的人，哪个都能轻轻松松地扛起来。

“就这么简单？”

“把这根大木头从北边扛到南边，就能换好田地、好宅子？”

人们窃窃私语地讨论着。

也难怪大家不相信，这天上掉的馅饼也太大了吧？还是肉馅的！

眼看着围观的人越来越多，却没有一个人走出来搬动车辕。因为人们都觉得，这背后一定还有什么玄机。

　　同一时间，吴起的书房外，响起了匆匆的脚步声。

　　"郡守大人，城里百姓都已聚集在北门外了。还没有人试图搬动车辕。"一位侍从上前禀告最新的消息。

　　而吴起呢，正慢条斯理地和自己手下的一位幕僚喝茶呢！

　　"郡守大人，昨天大家讨论如何攻打秦国边境处的岗亭，此亭的位置离我们魏国太近，却不值得大动干戈，犹如藓疥之患。您昨天说已有妙计，今天怎么下了这么一条……呃……奇怪的命令？属下愚钝，实在参不透您的妙计，可否为我解惑呀？"幕僚恭恭敬敬地问道。

吴起微微一笑，却并不急着解释，只说："你且看着吧。"

那位幕僚摸不着头脑，却又不敢再问，只好不停地喝茶。

过了一会儿，吴起对侍从说："时间差不多了，让咱们安排的人上场吧！"

侍从匆忙奔到北门外，找到一位等在路边的壮汉，在他耳边悄悄说了句什么……

只见这位壮汉分开人群，大大咧咧地走到了城墙边的车辕前。他对着围观的百姓们高声说："俺看这也就是一根普普通通的木头，也不知郡守大人葫芦里

卖的什么药。就让俺铁牛来给大家试一试，看看郡守大人说话到底算不算数！"

说完，他蹲下身，轻轻松松地扛起了那根车辕，迈步就向南门走去。而看热闹的人们，就一路跟随着他往南门走。

不一会儿，铁牛就走到了南门。看着他那轻松的模样，大家都小声地嘀咕起来。

"切，我还以为这木头有多沉呢，看铁牛连汗都没出几滴。"

"可不是嘛，这么轻松的活儿，还真能奖励田地、宅院？"

铁牛仿佛没听到人们的议论一般。他把车辕倚在南门外的城墙上，然后提高了嗓门，用铜锣一般的声音喊道："俺铁牛已经按命令完成任务了！"

随着他的喊声，吴起走了出来。

"非常好，李铁牛率先完成了我的任务，奖励上好的水田一亩，城东的宅子一座。"他挥一挥手，就有侍从拿出了房契和地契，递给铁牛。

铁牛激动地向围观人群挥舞着手里的文书："大家快来看看啊，上好的田地、宅院。郡守大人说话果然算数！"

吴起微笑着点头："我身为一郡之长，说话自然算数。"

铁牛招呼着周围的父老乡亲们，一起去自己的新宅院看看。吴起听到有人在懊恼自己错失良机，脸上露出了会心的微笑。

没过多久，布告栏又贴出了一则通知：这次是把一石赤豆从东门外搬到西门外去，依然奖励上等的水田、宅院。一石有一百二十斤，比木头车辕沉了不少，但对身强力壮的人来说不成问题。

这次啊，为了抢这一个搬运赤豆的名额，东门外差点打起来。最后是一个远近闻名的大力士抢到了头名，赢得了田地和宅院。

百姓们很不满意："郡守大人，每次就一个名额，这也太少了。您能多给大家几次机会吗？"

吴起大手一挥："没问题！"

接着，吴起登上高台，郑重地向西河郡的百姓们宣布："知道大家还想要更多的奖励，这不，机会就来了！明天，我们要去攻打秦国边境处的一个小小岗亭。这个小岗亭啊，虽然不是什么要害，但是妨碍咱们种田。明天谁能最先登上岗亭，我不仅赐给他上等的田地和宅院，还要把'国大夫'这个官职封给他！大家伙儿都通知一下父老乡亲们吧，明天一早就出发。"

台下的百姓们欢呼着应和。

第二天攻打岗亭时，百姓们迫不及待地拿起兵器，都争着要第一个登上岗亭，以获得郡守大人的奖赏。这场战争的输赢毫无悬念，吴起只花了一个早上，就把秦国边境处的防守岗亭攻克了！

吴起为魏武侯西河之守。秦有小亭临境，吴起欲攻之。不去，则甚害田者；去之，则不足以征甲兵。于是乃倚一车辕于北门之外而令之曰："有能徙此南门之外者，赐之上田、上宅。"人莫之徙也。及有徙之者，还赐之如令。俄又置一石赤菽东门之外而令之曰："有能徙此于西门之外者，赐之如初。"人争徙之。乃下令曰："明日且攻亭，有能先登者，仕之国大夫，赐之上田宅。"人争趋之，于是攻亭，一朝而拔之。

《韩非子·内储说上七术》

注释

- 亭：在边境上用以瞭望和监视敌情的岗亭。
- 去：除掉。
- 害田者：危害魏国境内耕作的边民。
- 征甲兵：征发军队。战国时主要实行郡县征兵制，郡守和县令有权征集调用本郡县适龄男子入伍，并率领他们出征。农民无事则耕种，遇到战事则出征。
- 莫之徙：即"莫徙之"，没有谁去搬那个车辕。徙：搬动。
- 还：通"旋"，迅速，立即。
- 如令：像发布的命令一样。
- 俄：不久，一会儿。
- 石：重量单位，一百二十斤为一石。
- 赤菽：赤豆。
- 且：将。
- 仕：使做官，任命。
- 国大夫：官名。
- 趋：奔赴。
- 一朝：一个早晨。
- 拔：攻克。

吴起担任魏武侯的西河郡守。秦国在魏国西河的边境上有一个守望的小岗亭，吴起想把它攻打下来。因为不把它除掉，对魏国境内耕作的边民危害很大；可要除去小亭，又不值得因此而去征集军队。于是吴起就让人把一个车辕倚靠在北门外面，发布命令说："如果有人能把这个车辕搬到南门外面去，就赏给他上等的田地和上等的住宅。"没有人去搬那个车辕。等到有人把它搬到南门外面，吴起便立即按照当初命令所说的那样赏赐了他。不久，吴起让人把一石赤豆放置在东门之外，发布命令说："如果有人能把这赤豆搬运到西门外面去，就像上次一样赏赐他。"人们争抢着去搬运赤豆。于是吴起发布命令说："明天将要攻打秦国的岗亭，如果有人能首先攻上岗亭，就封他为国大夫，赏给他上等的田地和住宅。"人们争着往前冲。于是一个早晨的工夫就把那个岗亭攻下来了。

被动了手脚的烧烤（宰臣上炙）

你吃过烧烤吗？它作为人类最早的美食之一，历史足足有万年之久。能吃上烧烤，也是人类文明进步的一大象征，说明我们的祖先能够熟练地使用火了，标志着人类正式告别了"茹毛饮血"的时代。

寒冷的冬天，能有个热气腾腾的炉子，烤着美味的肉，一边撸串儿一边聊天，这生活啊，别提多享受了！

这不，今天晋文公就想吃烧烤了。

君主想吃烧烤，这还不简单吗。侍从们立刻忙乎了起来。没过一会儿，厨房里就飘出了一阵香喷喷的烤肉味儿，把人们肚子里的馋虫都勾出来了。过了一会儿，肉香更浓烈了，还掺杂着调料烤熟的味道，那香味儿，就连站岗的侍卫们也偷偷地咽着口水。

左等右等，终于等到膳食官端上来一盘烧烤。

晋文公流着口水把肉送到嘴里，刚嚼了一下，突然发现：不对，有个东西缠住了我的舌头？！

"呸呸"，晋文公赶紧把肉吐了出来。他仔细一看，这烤好的肉上居然缠着一根长长的头发。

这可把晋文公给气坏了："本王想吃顿烧烤，居然吃出了头发！做饭的厨师呢？给本王速速押上来！"

很快，厨师被五花大绑扔到了堂下。晋文公还在发脾气，甚至把自己平时最喜欢的酒杯都给摔了。他看到厨师，立刻大声责骂起来："你好大的狗胆，居然谋害本王。"

厨师真的很无辜。

他刚刚忙上忙下给国君做了一顿烧烤，刚喘口气，想在厨房里找点剩饭垫垫肚子，就被冲进门来的侍卫们摁在了地上，又被捆着手脚像拎小鸡一样一路拎了过来。

到底发生了什么？厨师还没从巨大的变故中回过神，就被扔在了冬天冰冷的石阶上。

他现在唯一确定的一件事就是：大王非常生气，我可能小命不保。

厨师也是个机灵鬼，他赶紧跪下来，二话不说先磕了两个头，让大王消消气。

晋文公怒火未消，继续责骂："你竟敢在本王的烤肉上缠头发，是想要噎死本王吗？你到底是何居心，给我从实招来，否则，大刑伺候！"

烤肉？头发？厨师似乎明白了什么。但他知道，国君正在气头上，此时如果自己出言辩护，一定会被认为是狡辩的。那不如，就顺着国君的话来解释吧……

他跪在地上，恭恭敬敬地说："大王，我知罪，我犯下了三大死罪啊，请容我向您一一禀告。"

"我的第一条死罪，是厨刀磨得不够锋利！我每天都用磨刀石打磨厨刀，让它像干将宝剑那样锋利。可是没想到啊，这把厨刀能轻松地把肉切断，却无法切断头发丝。这是我的错，我没有好好磨刀。"

晋文公想了想，肉比头发难切多了，没理由能切断肉却切不断头发。看来，厨师切肉的时候还有没头发。

"我的第二条死罪，是用木棍穿烤肉的时候竟没看见头发。肉是竖着穿到木棍上的，头发却是横着缠在肉片上的，我一没留神，就让这头发丝自己缠到肉上去了。臣罪该万死啊！"

国君拿起烤肉看了看，果然如此。看来，厨师穿肉串的时候，也没有头发。

"我的第三条死罪，是没看好烤炉。我捧着烧得很旺盛的烤炉，只顾着看炭火都烧到赤红了，谁知道这么旺的火都能把肉烤熟，却烤不焦一根头发啊！"

听到这里，晋文公冷静下来，知道自己可能冤枉了厨师。毕竟，人的头发又不是钢丝，肉都烤熟了，头发早就该被炉火烤焦了才对。

"看来这根头发，是肉烤好之后才缠上去的呀。"

晋文公推测道。

厨师在地上一阵猛磕头："国君英明！小人能斗胆问您一个问题吗？"

"好了，问吧。你也别跪着了，站起来。"

厨师站了起来，小声问道："您堂下的这些侍从中，会不会有人心里嫉恨我？我依稀记得，曾经有一位您的侍卫向我讨要新酿的美酒，但我怕您要宴请宾客，就没有给他。请您查一查，今天堂下可有这位侍卫？"

晋文公听到这话，眯起了眼睛："你的意思是，有人跟你有旧怨，借机陷害你，想借本王的手杀了你？"

厨师赶紧解释："小人不敢乱说，只是推测。烧烤要趁热吃才好，这肉从炉子上拿下来就装盘了，路上只有取菜的侍卫有机会缠头发啊！"

听了厨师的话，晋文公的眼神变得冷厉起来："哼哼，好一招借刀杀人！本王的近身侍卫中，竟还有这种人才，真是埋没了他。"

厨师看到国君的神情，结结实实地打了个冷战。

如果说，刚才烤肉吃出头发，国君只是生气发脾气，此刻的国君，却是真真正正感到了危险。身边的人居然能神不知鬼不觉地在自己的饮食上做手脚。今天能用头发陷害厨师，明天是不是就能趁机投毒呢？

一国之君，怎能允许身边留有这种隐患！

"把今天所有当值的人都抓起来，给我狠狠地审！"

这一审下来，可不得了，居然还审出了别国派来的奸细。严刑拷打之下，奸细招出了很多重要的机密。

陷害厨师的侍卫也老实交代了，他确实是想借机报复，于是被打了三十大板，扔出门外。

而那个机灵的厨师呢，则因为帮国君揪出了身边的奸细，受到了丰厚的奖赏，甚至能够常常陪在国君身边，跟他一起吃烧烤呢。

文公之时，宰臣上炙而发绕之。文公召宰人而谯(qiào)

之曰："女欲寡人之哽耶，奚为以发绕炙？"宰人顿

首再拜，请曰："臣有死罪三：援砺砥(dǐ)刀，利犹干将

也，切肉肉断而发不断，臣之罪一也；援锥贯脔(luán)而不

见发，臣之罪二也；奉炽炉，炭火尽赤红，炙熟而发

不焦，臣之罪三也。堂下得无微有疾臣者乎？"公曰：

"善。"乃召其堂下而谯之，果然，乃诛之。

《韩非子·内储说下六微》

注释

- 宰臣：管理膳食的官吏。
- 炙：烤肉。
- 宰人：厨师。
- 谯：通"诮"，大声责骂。
- 援砺砥刀：拿起磨刀石磨刀。砺，磨刀石。砥：磨。
- 干将：古代善铸宝剑之人。这里指利剑。
- 脔：切成小块的肉。
- 微有疾臣者：暗中嫉恨我的人。微，暗中。疾，嫉恨。

　　晋文公当君主的时候，膳食官端上烤肉，有头发缠在肉上。文公召来厨师，怒责他："你想让我噎死啊，为什么在烤肉上缠头发？"厨师叩头拜了两拜，请罪说："我有三条死罪：拿来磨刀石磨刀，刀磨得像干将宝剑一样锋利，用来切肉，肉给切断了，但头发却切不断，这是我的第一条罪状；拿起木棍穿透肉块却没有看见头发，这是我的第二条罪状；捧着烧得很旺的炉子，炭火都烧得通红，肉都烤熟了，头发却没有烧掉，这是我的第三条罪状。是否可能是您堂下的侍从中有暗中嫉恨我的人呢？"文公说："说得对。"就召来堂下的侍从责问，果真这样，于是加以处罚。

瞒天过海的骗术（棘刺雕猴）

战国时期，燕国有一位君主，他特别喜欢小巧玲珑而又精致的器物。他收集了很多微小精巧的东西，比如用核桃雕刻的小船、米粒大小的印章、用指甲盖大的玉石雕刻的飞凤……别人的君主都用豪华的宫殿陈放宝贝，而燕王的宝贝呢，只用一个大箱子就能放下。大家提到燕王的藏宝箱，都公认那是世界上最值钱的箱子啦！

就连燕王自己，也为他的宝箱感到非常自豪。每当招待别国来的贵宾时，他都要拿出宝箱，在宾客面前炫耀一番。看到客人们满脸的惊讶和羡慕，燕王心里呀，比吃了蜜还甜。

可是有一天，燕王的好心情被打破了。原来啊，燕国来了一位卫国人。他居然到处跟人说，大王的藏宝箱里根本就没有真正的珍宝。

"真是气死我了！快把那个胡言乱语的卫人抓来，本王要好好审问他。"燕王对手下人吩咐道。

没过多久，卫人就被带到了燕王面前。

"就是你在到处传播，说本王没有真正的珍宝？"

卫人毫无惧色："我知道您最喜欢小巧的东西。但您宝箱中最小的物品是一粒粟米大小的印章，没错吧？"

"没错，这印章还不算珍宝？"

卫人意味深长地笑了："那您见过雕刻在棘刺尖端的动物吗？"

"这……棘刺上也能雕刻吗？"

这不能怪燕王惊讶，因为棘树的刺非常尖锐，很难想象居然有人能够在棘刺的尖儿上雕刻东西。

卫人高傲地昂起了头："在下不才，恰好能在棘刺尖儿上雕刻猕猴！"

这可把燕王高兴坏了！他还从来没见过这么微巧的雕刻呢。只见他大手一挥，立刻赐给卫人五乘之地的俸禄："大师，能不能让本王看看您这雕刻在棘刺上的猴子呀？"

　　燕王给的可不是一笔小数目呀，但卫人却丝毫不为所动。他一脸严肃地说："我的雕刻技巧极其高超，这样随随便便就能看，岂不是对艺术的不尊重？君主您要想观看我雕刻的猕猴，有两个条件必须得做到。"

　　"什么条件？大师您说，本王一定做到。"燕王满口答应。

　　"首先，您要静心。半年都要在净室里斋戒，不

能喝酒、不能吃肉，也不能去后宫享乐。"

听到如此严苛的条件，燕王皱起了眉头。还没等他发话，卫人又提出了第二条要求。

"棘刺上的猕猴非常微小，需要在很特殊的光下才能看到。因此，您需要在雨停时太阳刚刚出来，阴晴交错的一瞬间仔细观察，棘刺上的猕猴才有可能显露身形。"

阴晴交错的瞬间，那不就是一眨眼的工夫嘛，这个时机也太难把握了。燕王的眉头紧紧皱着，都快能夹住蚂蚁了！

可是想来想去，燕王也没想到其他能看到棘刺猕猴的好办法。他只好继续用高昂的俸禄养着卫人，想方设法满足他提出的条件。

燕王不想在饮食生活上亏待自己，他也想过让大臣们帮自己看看猕猴的模样。但这些大臣不是腿脚不便，就是老眼昏花，居然没有一个人能抓住雨后天晴明暗交错那一瞬间的光线。

一天天过去了，燕王始终也没能看到心心念念的精巧雕刻。

而那位卫人呢，拿着燕王的俸禄，每天在燕国的国都里耀武扬威。

有一位郑国台下的铁匠听说了这件事。这位聪明的铁匠一下子就听出来燕王这是被骗子耍得团团转啊。可是，怎样才能揭露这位卫人骗人的嘴脸呢？

卫人提的条件太苛刻了，很难有人做到。但凡有人想质疑棘刺雕刻猕猴的真实性，都会被这些条件困住——你没看到棘刺上的猕猴，那是你自己的问题，因为你没有做到我说的条件，并不代表猕猴不存在！

不过，铁匠很快就想到了一个好方法，一定能够戳破骗子的阴谋。

铁匠求见了燕王，他对燕王说："臣是一名铁匠，专门铸造刻刀的。您喜欢精细小巧的东西，那您应该知道，这些雕刻品的制作都需要用到刻刀吧？"

"确实，无论是在玉石上，还是在核桃上，只要是雕刻，都需要刻刀才行。"

"用刻刀雕刻的东西，一定要比刻刀的刀刃大才行，这是个常识，您说没错吧？"

"没错，如果比刻刀的刀刃还小，那就根本没法刻嘛。就像人们用手指头在沙地上作画，想画出一个比指头细的线条，那是不可能的。"

"您的比喻太到位了！"铁匠真诚地称赞着。他接着说："棘刺的尖端非常小，普通刻刀的刀锋肯定都比它粗。所以，普通刻刀是不可能用来在棘刺尖儿雕刻猕猴的。您不妨把卫国那位工匠的刻刀要来看看。"

"不看猕猴，改看刻刀了？"

看燕王好像不明白，铁匠接着解释："如果他的刻刀刀刃能铸造得比棘刺的尖儿还薄，说明他可能有真本事。但如果他用的是普通刻刀，那绝不可能在棘刺尖儿上雕刻，您也不必再浪费时间为那些苛刻的条件而苦恼了。"

燕王恍然大悟："真是个好办法，我怎么早没想到呢？"

他赶紧传令下去："让卫人来见本王！"

等人到了之后，燕王问："您在棘刺尖儿上刻猕猴，是用什么工具来雕刻的呀？"

"臣用刻刀。"

"喔，那本王想看看你的刀。"

咦？燕王怎么会提出这么奇怪的要求？刻刀有什

么好看的呢？

可是骗子的脑瓜还是挺好使的，他转念一想，立刻就明白了这个道理。"燕王这是怀疑我了？看来，有高人给他支招啊。反正捞的钱已经不少了，我看我还是抓紧跑路吧。"卫人心里暗暗下了决心。

骗子虽然心里七上八下，脸上却一点都没显露出胆怯来，他说："可以，请您允许我回去取一趟。我的工具放在特殊的地方，只有我自己能找到。"

燕王点点头允许了。此刻他还是心存一点幻想，万一这位卫国的工匠真的有一把微型刻刀呢？

利用燕王的这一丝幻想，卫人顺利地离开了王宫。一回到自己的居所，他立马开始收拾行李。

"我的金元宝！我的珍珠！"卫人一边嘀咕着，一边把金银珠宝往自己身上塞。这些天他可没少从燕王那儿搜刮好东西。像酒樽啊、刀剑啊这些实在笨重、不好携带的珍宝，他索性就丢到地上不要了，净挑些小巧好拿的东西。

卫人的手脚非常麻利，很快就把自己塞成了一个圆球。

然后呢，卫人出了家门，装作漫不经心的样子，坐上了门边的马车。他一边打着哈欠，一边对赶车的车夫说："今天睡过头了，浑身难受，就想出城去转转。你把我拉到东门吧。"

　　到了东门，看着车夫走远了，卫人精明的小眼睛转了转，又遮住了自己的脸，向西门走去。很快，他就溜出了燕国的都城，不见了。

　　燕王等了很久很久，也没等到半个人影。再派人去催，却发现卫人的住所一片凌乱。燕王这才明白自己受了骗。他想让人捉拿欺骗他的卫人，可是，现在哪里还能捉得到呢？

燕王好微巧。卫人请以棘刺之端为母猴。燕王说
之，养之以五乘之奉。王曰："吾试观客为棘刺之母
猴。"客曰："人主欲观之，必半岁不入宫，不饮酒食
肉，雨霁日出，视之晏阴之间，而棘刺之母猴乃可见
也。"燕王因养卫人，不能观其母猴。

郑有台下之冶者，谓燕王曰："臣为削者也。诸微
物必以削削之，而所削必大于削。今棘刺之端不容削
锋，难以治棘刺之端。王试观客之削，能与不能可知
也。"王曰："善。"谓卫人曰："客为棘刺之母猴也，
何以理之？"曰："以削。"王曰："吾欲观见之。"客
曰："臣请之舍取之。"因逃。

《韩非子·外储说左上》

注释

- 微巧：小巧的东西。
- 棘：一种像枣树那样多刺的树。
- 母猴：猕猴。
- 说：通"悦"。
- 五乘之奉：奉，通"俸"，俸禄。古代规定土地方六里出兵车一乘。到战国时期，即以方六里的土地面积为一乘。
- 宫：指后宫，后妃居住的地方。
- 霁：雨止天晴。
- 晏阴之间：半晴半阴。晏，天气清朗。
- 台下：疑是郑国地名。
- 冶者：铁匠。
- 削：这里指刻刀。
- 治：这里是刻削的意思。
- 何以理之：用什么工具雕刻它。理，雕刻。

译文

　　燕王喜欢小巧玲珑的东西。有个卫人说能在棘刺的尖端雕刻猕猴。燕王很高兴，用五乘之地的俸禄供养他。燕王说："我想看看你雕刻在棘刺尖上的猕猴。"卫人说："君王要想看它，必须要半年中不到内宫住宿，不饮酒、吃肉。在雨停日出、阴晴交错的时候再观赏。只有这样，才能看清楚我在棘刺尖上刻的猕猴。"燕王因而把这个卫人供养起来，却没能看到他刻的猕猴。

郑国台下有个铁匠对燕王说："我是做刻刀的人。各种微小的东西一定要用刻刀来雕刻，被雕刻的东西一定要比刻刀大。现在棘刺尖上容纳不下刻刀的刀锋，难以刻削棘刺的尖端。大王不妨看看他的刻刀能不能在棘刺尖上刻猕猴，也就清楚了。"燕王说："好。"于是对那个卫人说："你在棘刺尖上雕刻猕猴，用什么来刻削？"卫人说："用刻刀。"燕王说："我想看看你的刻刀。"卫人说："请您允许我到住处去取刻刀。"随即卫人趁机逃跑了。

难以评选的超级画师（画鬼最易）

春秋战国时期的齐国，是个很强大的国家。它的土地肥沃，而且靠近海边。加上国君也很贤明，任用了几位有能力的大臣，所以齐国比较富裕、人口众多，是周边其他国家的老百姓向往的国度。

齐王这个人呢，不仅是个合格的君王，也是个爱好风雅的人。他非常喜欢绘画，虽然他自己的画画水平只能说是普普通通，但挡不住他热爱艺术啊！齐王的私人宝库里，收藏了历来的名家绘画。对于民间的画师，他也非常慷慨，只要是喜欢的画，都会重金收入囊中。

就这样，齐国的老百姓在国君的带动下，画画风气相当浓厚。

齐王很是得意。有一天，他心血来潮，就想搞一个全民绘画大比拼！

规则非常简单：任何画师都可以交一幅参赛作品。所有的画作，都会在齐国都城最大的集市上陈列。无论男女老幼，任何人都能为自己喜欢的作品投票，齐王的宫廷画师们也会为这些画作打分。最后谁的作品获胜，就能够赢取百两黄金的丰厚奖赏。

齐王用心良苦，想让齐国的全体国民都接受艺术的熏陶。事实也如他所料，大家都对这项"全民绘画大比拼"非常感兴趣，几乎所有会画画的人，都交上了自己的得意之作。而观众就更多了，不仅有齐国本国的国民，甚至还有听到消息后从其他国家赶来凑热闹的人。

可是谁也没想到，这么一个全民参与、老少咸宜的活动，到了最后的评奖环节，却出了个大问题！

齐王的宫廷画师一致把票投给了一幅《捉鬼降妖图》。这幅画是一位风头正旺的知名画师所绘，画面精美极了，神仙降妖除魔的场景，让人一看就心生敬畏。

可是齐国最有名望的一位老画师，却坚持要把第一名颁给一个名不见经传的青年画师。这位画师交上来的画只是一幅朴素的《乡野图》，画的正是农夫耕种的场景。很多老百姓也把票投给了《乡野图》。

说来也巧，这两幅画的得票数一模一样！

第一名只能有一个，到底选谁好呢？两边的人吵了起来。

"这幅《捉鬼降妖图》一看就是功底深厚的好画呀！你看这线条多么流畅、颜色多么协调！"

"是啊是啊，你看这些妖魔鬼怪，多吓人啊！"

"哼，这幅《乡野图》，土得掉渣，居然还能有这么多人喜欢，该不会是画师贿赂了啥也不懂的老百姓吧？"

"就是就是，咱们让大王来评评理。"

宫廷画师们七嘴八舌地吵闹着，而威严的老画师则一言不发，用不屑的眼光看着他们。

这一番争吵，成功吸引了齐王的注意。

"不要吵了，你们都是宫廷画师，七嘴八舌像个什么样子？"齐王一声怒喝，所有人都安静下来。

齐王向老画师拱了拱手，恭敬地说："老先生，我的画师们都认为这幅《捉鬼降妖图》该名列第一，而您却力荐《乡野图》，您能否指教大家，这幅《乡野图》好在何处？"

老画师也恭敬地向齐王行了一礼："您不妨先问问百姓们，为何喜欢《乡野图》。"

齐王一听，便随手点了站在《乡野图》前的一位农夫："你来说说，为何要选这幅画为第一？"

被点到名的农夫憨厚地笑了笑："俺们也不懂画儿，就是觉得这狗儿、马儿画得跟真的似的，瞅着怪亲切的。"

听到农夫的话，宫廷画师们纷纷嗤之以鼻，在他们的窃窃私语中，充满了对农夫"粗野无知"的嘲笑。

老画师对他们更加不屑一顾了。他转过身背对着这些宫廷画师，面向齐王，问道："国君可知画什么东西最难？"

齐王想了想，没想出来，便态度更加和蔼地问道："本王不知，请老先生告诉我，画何物最难？"

画师回答："对于真正懂绘画的人来说，画鬼神是最容易的，反而画狗、画马才是最困难的。"

此言一出，周围所有人都质疑起来。他们怎么也不理解，为什么随处可见的狗啊、马啊，反而比鬼神更难画。

老画师解答了大家的疑惑："大家想想，正因为狗、马这些动物，大家每天都能够看到，对它们非常熟悉。画师只要一个小细节没画好，人们立刻就能看出破绽，所以要想把狗、马画得逼真，是非常困难的一件事。而鬼神就不一样了。"

老画师环顾四周："诸位，谁亲眼见过鬼神？"

人们纷纷摇头，没人见过。

"因为谁都没见过鬼神，所以画师想怎么画就怎么画，大家根本看不出破绽。所以说，鬼神反而是最容易画的。"

老画师的一番话，让听众们犹如醍醐灌顶，纷纷点头称是。

齐王也非常认同这番言论。他频频点头说道："本王治国任用官员，也是一样的道理。凡是夸夸其谈的人，一概不用，反而是能把具体的农事、战事讲清楚的人，本王会委以重任。"

齐王认认真真地向老画师行了个礼："您讲的绘画的道理，和治国之道一脉相通，可谓至理名言。今天这第一名的画，非《乡野图》莫属了！"

一时间，所有人都心服口服地鼓起了掌！

    客有为齐王画者，齐王问曰："画孰最难者？"曰："犬马最难。" "孰易者？"曰："鬼魅最易。夫犬马，人所共知也，旦暮罄于前，不可类之，故难。鬼魅，无形者，不罄于前，故易之也。"

《韩非子·外储说左上》

注释

- 孰：谁，什么。
- 鬼魅：鬼怪。世俗迷信的人以为人死成鬼，物老成魅。
- 旦暮：早晚，引申为每天从早到晚。
- 罄：显现，出现。

　　有人为齐王作画，齐王问他："画什么最难？"他说："狗、马最难画。"齐王又问："画什么最容易？"他说："画鬼魅最容易。狗、马是人们所熟悉的事物，早晚都出现在人们面前，不可能画得非常相似，所以难画。鬼魅是无形的，不会出现在人们面前，所以容易画。"

卖不出去的美酒（宋人卖酒）

宋国有个酿酒世家，祖祖辈辈都以酿酒为业。这家人姓杜，据说还是那位传说中的酿酒老祖先——杜康的后人呢。

提到杜家的酒，喝过的人都要竖起大拇指夸一夸。那酒口感醇厚、香气扑鼻，喝过一次就再也忘不了了！

街坊邻舍口口相传这么多年，杜家酒肆在宋国也算是个驰名商标啦。

杜老爷子辛辛苦苦干了一辈子，现在年纪大了，他打算把酒肆传给唯一的儿子，自己去过含饴弄孙的退休生活。这年过完了年，杜家酒肆就正式交到了杜大郎手中。

说起这杜大郎，在酿酒技术上可谓青出于蓝而胜于蓝。他酿的酒，大家喝了后都说比杜老爷子酿的酒还要更胜一筹。杜大郎为人也非常厚道，卖酒给客人从不会缺斤短两，买酿酒原料时也绝不拖欠货款，是个众口交赞的实诚人。因此，杜老爷子把酒肆传给儿子，那是相当放心。

接过祖传的生意，杜大郎摩拳擦掌，准备要大干一场！

首先就是扩大店面。原来的酒肆太小了，只能摆五六张桌子，很多时候客人只能站着喝酒。杜大郎看中了一个新铺子，不仅面积更大，而且还带一个漂亮的小花园，客人可以一边喝酒一边赏花。

新店铺的装修花了大力气。杜大郎买了不少昂贵的摆件，让新酒肆看上去很显档次。为了防止有人偷偷拿走这些摆件，他还专门买了一条凶猛的看门狗呢。

万事俱备，新店开业！

第一天，来的客人那叫一个络绎不绝，大家纷纷夸赞这新酒肆又大又漂亮，酒也一如既往很好喝。杜大郎心里高兴极了。他对大家说："感谢各位父老乡亲的捧场，新店开业，这个月一律打八折！"

大家轰然叫好，没多久，就把杜家库存的酒都买光了。杜大郎赶紧加班加点，多多酿酒。

就当杜大郎踌躇满志想让酒肆再上一层楼时，出怪事儿了！

最近一段时间，杜大郎明显发现，来买酒的客人居然越来越少了。以前一天能卖空一缸酒，现在只能卖半缸。

这可糟糕了，要知道，为了应对开业大酬宾，家里可是酿了比平时多一倍的酒。杜大郎急得团团转！什么原因呢？难道是我换了新铺子，大家找不到地方了？

第二天，杜大郎起了个大早，和妻子一起把店里的酒旗拆了下来，把两幅旗帜缝在一起，重新做了一个巨无霸款的"杜家酒肆"旗帜，足足有以前的两倍那么大。又找了一根长长的竹竿，将酒旗高高悬挂在店前。

"这下大家都能看到了，肯定不会找不到新店的地址啦！"杜大郎满怀自信地对妻子说。

可惜，杜大郎的希望落空了。接下来连着几天，买酒的客人还是一天比一天少。

连着好几天，杜大郎愁得觉都睡不着，天天唉声叹气。家里人实在是看不下去了，妻子就建议他："整

天自己瞎琢磨也不是个事，不如咱们出去打听打听，到底为啥客人越来越少了？"

可是左邻右舍也说不出个原因。

杜家的酒还是一样的好喝，杜大郎对客人也是一样的周到殷勤，口碑依旧非常好。而且大家都知道，大郎做生意童叟无欺，不论谁来买酒，从没发生过缺斤短两的事情，很多邻居都是直接让家里不识秤的小孩子拎着酒壶来买酒的。

这么好的人，这么好的酒，怎么换个地方就卖不出去了呢？眼看着家里的一缸缸酒都放酸了，杜大郎心疼得不得了。

"难道，这新铺子的地址有问题？这买铺子的钱可不是小数目，难道都打了水漂？"大郎不甘心地自言自语道。

妻子也很着急。她对杜大郎说："街坊邻居都是跟咱们差不多的普通人，你得找有大见识的人问问，才能解决问题呀！"

"对，咱们去问问杨老爷子吧！"杜大郎激动得跳了起来，"他老人家一定能解决。"

大郎连鞋都没穿好就冲出家门，去请教杨倩老爷子了。

听到这件怪事，杨老爷子也颇有兴趣。他跟着杜大郎来到了新酒肆里，东看看西看看，若有所思。

大郎赶紧请教："您看出什么问题了？"

沉思了一会儿，杨老爷子问："刚才我们进门时，门口的那条狗是不是挺凶的？"

杜大郎很是奇怪："您为啥要问一条狗呢？这狗凶不凶，跟我卖酒有啥关系？"

杨老爷子用拐杖敲了敲他的头："好好动动你这个木头脑子！你就没发现，现在几乎没有小孩子来买酒了吗？"

被这么一提醒，杜大郎也发现了："是啊，以前来我家买酒的小孩子很多。大人们都在外忙活，也都知道我这人打酒实诚，就安排孩子来买。怎么现在都没小孩子来了呢？"

杨老爷子瞥了他一眼："还不算太笨！你想想，

一个小孩揣着钱拿着酒壶，高高兴兴来买酒，刚走到你家门口，那狗就迎上来冲小朋友龇牙咧嘴，还要咬人家，这谁不害怕？谁还敢让孩子来买酒？别说孩子，大人也不敢来呀！"

杜大郎是真没想到这一层原因！他买狗本来是为了看店，怎么也没料到，却成了客人们的"拦路狗"。就因为这一个小细节没有顾及，导致家里的酒全都变质发酸了，损失了好大一笔钱。

"做生意真是不容易啊！"杜大郎仰天长叹。

　　宋人有酤^{gū}酒者，升概甚平，遇客甚谨，为酒甚美，县帜甚高著，然不售，酒酸。怪其故，问其所知——间长者杨倩，倩曰："汝狗猛耶？"曰："狗猛，则酒何故而不售？"曰："人畏焉。或令孺子怀钱挈^{qiè}壶瓮而往酤，而狗迓^{yà}而龁^{hé}之，此酒所以酸而不售也。"

《韩非子·外储说右上》

注释

- 酤：买卖酒。
- 升概甚平：量酒很公平。升，量具，这里指量酒的器具。概，刮平升斗的小木棍。
- 为：酿造。
- 县帜甚高著：卖酒的标志挂得很高、很显眼。县，同"悬"。帜：幌子、酒旗。
- 或：有人。
- 孺子：小孩子。
- 挈：携带。
- 迓：迎接。
- 龁：咬。

| 译文 |

宋国有一个卖酒的人，卖酒时，量酒很公平，对待顾客很殷勤，酿制的酒也很好喝，酒旗挂得很高、很显眼，然而酒就是卖不出去，酒都变酸了。他感到很奇怪，于是去问他所熟识的人。问到长者杨倩。杨倩说："你家的狗凶猛吗？"卖酒的说："狗凶猛，为什么酒就卖不出去呢？"杨倩说："因为人们害怕它呀！有人让小孩揣着钱、提着酒壶去买酒，猛狗却迎面扑上来咬他，这就是你的酒酸了也卖不出去的原因。"

了不起的中国童话 下

趣学经典文言文

姜明慧 著

人民邮电出版社

北京

图书在版编目（CIP）数据

了不起的中国童话：趣学经典文言文 / 姜明慧著.
北京：人民邮电出版社，2024. -- ISBN 978-7-115
-65099-3

Ⅰ. G624.203

中国国家版本馆 CIP 数据核字第 2024HU4752 号

内 容 提 要

本书从《山海经》《庄子》《淮南子》《搜神记》《酉阳杂俎》《太平广记》等极具浪漫色彩和想象力的中华优秀典籍中精心挑选 28 篇符合儿童认知特点的故事，重新改编演绎，并按照难度排序，辅以国风插画，让孩子更好地理解经典文言文的内涵。

书中每篇经典故事均配有导古文原文、重点注释及白话对照，同时添加古文诵读音频，帮助孩子递进式、多元化学习和感知中国童话背后的精髓，掌握文言文学习要点。

本书兼具故事阅读及文言文学习功能，适合三到六年级小学生阅读，也可供小学语文教研人员参考。

◆ 著　　　　姜明慧
　 责任编辑　折青霞
　 责任印制　马振武
◆ 人民邮电出版社出版发行　　北京市丰台区成寿寺路 11 号
　 邮编　100164　电子邮件　315@ptpress.com.cn
　 网址　https://www.ptpress.com.cn
　 三河市君旺印务有限公司印刷
◆ 开本：700×1000　1/16
　 印张：19.5　　　　　　　　　　2024 年 10 月第 1 版
　 字数：144 千字　　　　　　　　2024 年 10 月河北第 1 次印刷

定价：59.80 元（上下册）

读者服务热线：(010)81055296　印装质量热线：(010)81055316
反盗版热线：(010)81055315
广告经营许可证：京东市监广登字 20170147 号

《战国策》

《战国策》是西汉刘向编订的国别体史书，它并没有具体的作者，而是记录了战国时期各国纵横家们的游说之辞和权谋故事，是一部集历史与文学价值于一体的著作。它的语言生动、富于文采，叙事波澜起伏，人物形象逼真，并且善于运用比喻、寓言，对后世的史书、政论文都有深远影响。

值千金的马骨头（千金市骨）

　　古代没有汽车、高铁和飞机，人们要出行，骑马才便捷。所以，拥有一匹好马是身份和地位的象征。

　　那什么马才能象征一国之君的身份地位呢？答案当然就是千里马了！千里马跑得快，能够日行千里，是马中的王者。

　　有一位国王爱马如命，极其渴望能够拥有一匹千里马。但是，他所在的国家却不盛产马匹。举国上下都找不到一匹千里马。

　　国王想，我可以花钱从别的国家买啊！我花一千两黄金，就不信还买不着一匹千里马！

　　要知道，当时十两黄金就足够一个三口之家一年的生活费了。所以，国王能拿出千两黄金求购千里马，可以说是财大气粗。他很自信地想：我肯定很快就能骑到千里马了！

可事实大大出乎他的预料！千金求马的告示贴在国都最显眼的公告栏上，贴了三年了，他愣是连千里马的一根毛都没见到。

国王想不通了，自己贵为一国之君，为什么连一匹千里马都买不到呢？难道千里马真的这么稀缺？

他想起了年初的一场国宴，大大小小几十个国王出席了宴会，他们人人都有一匹千里马。

"那些国王所在的国家有些实力还不如我们，为什么只有我买不着千里马？"国王很委屈，"明明我出的价格比别的国王都高。"

就在国王闷闷不乐的时候，他身边的一个贴身侍卫善解人意地主动请求道："大王，总这样被动等待也不行啊，请您让我外出给您寻找千里马吧。"

国王想了想，此话也有道理，只是张贴告示等着，确实太被动了。万一卖马的人不识字怎么办？可不就白白错过了千里马？于是他说："允了，拿着千两黄金，一定要为本王买到千里马！"

这个贴身侍卫是个聪明人，他很快就查到了国王买不到千里马的原因。

原来，这个国家所在的地方，河流众多，气候温暖湿润。而千里马呢，大多产自寒冷干燥的草原。草原离这里太远了，愿意来卖马的人本身就很少，再加上马匹长途跋涉来到一个气候不同的地方，很容易生病，来这里卖马，风险太大。因此，国王傻傻等着，当然等不到千里马了。

不过，还有一件事侍卫没搞明白：国王千两黄金求购千里马的消息传出去三年了，这个价格足足是草原附近几个国王买马价格的两倍！这么高的利润，任何商人都会心动，可是怎么连一个来冒险碰运气的人都没见到呢？

于是这位侍卫专门跑了一趟草原，结识了很多卖马的人，终于打听到了一件事——

几年前，某位遥远国度的国王想要千里马，找到了草原上生意最大的那位马商。马商挑出自己最好的一匹千里马，不远万里运到了国王那里。一路跋涉，千里马的毛色自然不会那么光鲜亮丽，可没想到，这位国王却以此为由，狠狠地砍价。马商不愿亏本，拒绝降价，国王就嫌贵不买了，导致这位马商来回路途的旅费都打了水漂。更可怜的是，那匹百里挑一的千里马，因为连续舟车劳顿，并且吃的草料也不合适，水土不服之下，一病不起，刚刚回到草原就病死了。

从那以后，草原上的马商都不愿意去远处卖马了，生怕自己血本无归。

听了这件事后，侍卫总算明白问题出在哪儿了。他拍了拍脑门，很快想到一个好办法。

几天后，草原上最大的马商家来了一位出手阔绰的客人。

"你们家的千里马，都牵出来给我看看。"客人大声说。

马商牵出了三四匹千里马。可是看客人的表情，好像都不太满意。

"这匹有点老，那匹又太小了。""这匹年龄倒是合适，可这毛色看着就不精神。"……

客人挑挑拣拣了一会儿之后，问："这就是你这里所有的千里马了？我看也不怎么样呀。你真的是草原上生意做得最大的马商？"

马商被气得直发抖："哼，那是你来的时候不好，

要是我那匹百里挑一的好马还在，一定让你震惊！"

客人来了精神："百里挑一的千里马？赶紧带我去看看。"

"没什么好看的，已经病死了。"

"骨骼还在吗？骨骼也可以啊！"

一个时辰之后，马商傻傻地拿着五百两黄金，眼睁睁看着那位客人抱着千里马的头骨离开了。

他简直不敢相信，居然有人用五百两黄金，买一匹死去的千里马的头骨！他说他是替国王来买的，这国王是想千里马想疯了吧！五百两黄金啊，旁边的几个国家买一匹活生生的千里马，也就是这个价！

"不行不行，这个国王人傻钱多，这钱我必须要赚到！"马商下定了决心。

"快，去别的马商那儿收购一匹成年健康的千里马，我三天后就出发，向国王卖马去！"

这位侍卫呢，他抱着千里马的头骨，昼夜不停地赶回国。等他回到王宫中，正好是三个月后。

当听到侍卫花了五百两黄金买了死马的头骨后，国王的肺都快气炸了："我要的是活马！你居然白白浪费了我五百两黄金，就买了这么一副头骨回来。你失心疯了吗？"

看着国王瞪大眼珠、好像下一秒就要生吞活剥了自己的样子，侍卫却一点畏惧的神情都没有："大王您先别急，听我说。马商不来咱们这儿卖马，主要是怕咱不诚心买，他们白跑一趟还赔了路费。现在

他们知道大王您买死马都愿意花五百两黄金，那活马肯定会给更多啊！这样，天下的人就都知道您是诚心诚意想买千里马了，马很快就能有了！"

他的话音还没落，果然有人来禀告："大王，集市上真的有人牵了一匹雄赳赳气昂昂的好马啊，没准就是您要的千里马！"

侍卫知道马商肯定会来卖马，但没想到他来得这么快，如此有胆识魄力，果然是当之无愧的草原第一马商啊！

一切正如聪明的侍卫所预料的那样，还不满一年，国王就买到了三匹千里马！

国王高兴极了，他重重赏赐了这名侍卫，还对他委以重任。

而侍卫呢，也当之无愧，充分运用自己的智慧，做了很多利国利民的事情。

古之人君，有以千金求千里马者，三年不能得。
涓人言于君曰："请求之。"君遣之，三月得千里马。
马已死，买其首五百金，反以报君。君大怒曰："所
求者生马，安事死马而捐五百金？"涓人对曰："死
马且买之五百金，况生马乎？天下必以王为能市马，
马今至矣！"于是不能期年，千里之马至者三。

《战国策·燕策一》

注释

- 涓人：古代宫中负责清洁的人，这里指国君身边的侍从。
- 安事：犹言"何用"。哪里用得着，怎么能够。
- 捐：丢掉，白白花费。
- 市：买。
- 不能：不到，不满。
- 期年：十二个月叫"期年"，即一整年。

　　古代有一位国君，用千金求购千里马。过了很多年，仍无收获。他身边的侍从对国君说："请让我去寻求吧！"国君就派遣他去了，三个月后买到了千里马，但马已经死了。他就用五百金将死千里马的头买了回来，返回把这件事报告给国君。国君非常生气，怒斥道："我要的是活马，哪里用得着浪费五百金买这死马呢？"侍从说："死马都尚且愿意用五百金来买，何况是活的马？人们必定会认为您是真心想买马的国君。千里马就会来了。"在这以后，不到一年，国君果真买到了三匹千里马。

绝妙的无形之箭（惊弓之鸟）

从前，魏国有一位国王，非常喜欢射箭。他偶然听人说起，有一种传说中的箭法能够把空气凝成箭射出去。这种气箭无形无迹，让敌人根本无从躲避，可谓必杀之技。

魏王对这种神奇的箭法异常着迷。他向许多知名的神箭手打听，可是得到的回复无一例外都是："空气不可能凝成箭射出去，这是假的。"

魏王很失望，他真是太想见识一下这传说中的箭法了。当魏王得知，知名神箭手更羸（léi）来魏国做客的消息时，就迫不及待地把他请到了王宫中，盛情款待。

只见桌上摆满了山珍海味、美酒佳肴，魏王用最高规格的待客之礼招待了更羸。吃饱喝足后，更羸和魏王一起散步消食，不知不觉就走到了京台之下。

这里视野很开阔，两人抬头望去，只见天边飞过了一群飞鸟，伴着晚霞，景色相当壮美。

魏王却没心思欣赏美景，他还是记挂着传说中的箭法。此时，他忍不住问更羸："先生是有名的神箭手，又去过很多地方，您可曾见过用空气凝成箭射杀敌人的绝技？"

更羸笑而不语，魏王顿时感到沮丧，喃喃地说："算了算了，或许这只是个传说罢了。"

更羸却说："大王，把空气凝成箭我确实没见过，但是您看天上，我可以用一张空弓为您射下飞鸟！"

魏王听到这句话，激动得差点摔倒："真的吗？您竟会如此精妙绝伦的箭术？"

更羸点了点头："自然是真的，我为何要欺骗大王？只不过……"

"不过什么？你快说，有什么要求本王都可以满足！"

"不，您误会了，我并没有什么要求。只不过这种箭法并非对所有飞鸟都能施展，今天能否顺利施展，只怕要看运气。"

"这又何妨，我们多等等，总能碰上合适的。本王有的是耐心！"

确实，为了看神箭，别说是等个一时半会儿，就是让他站上一天一夜也没问题啊！

就这样，两人站在京台下，仰望着天上的飞鸟。

"快看，飞过来一只苍鹰，这可是先生您要的飞鸟？"魏王一手指天，兴奋地问道。

"不，苍鹰不可，最好是大雁。"更羸缓缓摇头。

"那边那边，飞过来一群大雁。"魏王等了半天，终于等到一群大雁，他激动得直跳。

可没想到，更羸凝神观察了许久也没动静，雁群都快从天边消失了，他都没举起弓。

"先生为何不射那群大雁？"魏王不解地问道。

"还不是好时机，大王少安勿躁。"更羸简单解释了一句，不再多言。

夕阳渐渐散去，天色越来越暗了。就在魏王心烦意乱时，更羸突然举起了弓。

天边缓缓飞来一只孤雁。它向着夕阳飞去，飞得很慢，还不时发出苍凉的鸣叫声。

更羸聚精会神地盯着那只孤雁，把弓拉成了一轮满月。

就在孤雁飞过他们头顶时，他迅速松手，只听弓弦响亮的一声"嗡"鸣，仿佛有一支无形的箭刺破天空，直奔那只大雁而去。

而那大雁，居然仿佛被射中了一般，应声而落！

魏王看呆了。

传说中的箭法，就在他眼前上演了！

他激动得语无伦次："世上竟真有如此精妙绝伦的箭术！先生您真是当今世上最伟大的神箭手！"

更羸笑着摇了摇头："大王过誉了。我能仅用一张空弓射下飞鸟，靠的不是箭术，而是眼力。"

看着魏王一脸不解的神情，更赢解释说："我射下的，乃是一只受过伤的大雁。"

　　"大雁飞得那么高，您怎知它受了伤？何况就算受了伤，一张空弓又怎能把它射下来呢？"魏王迫切想知道答案。

"大王莫急，我们也在此处站了许久，先回屋内，待我慢慢为您道来。"更羸看着天色渐晚，知道一时半会也说不清楚，继续站在这里只怕天都要黑了，就劝说魏王先回去，边吃边聊。

晚宴上，魏王拿出了自己珍藏二十年的好酒。

"这酒乃名师所酿，我收藏了二十年，可以说是价值千金。今日先生让我见识到了传说中的凝气成箭，果然精妙无比，我敬您一杯。"魏王得偿所愿，心情那是相当好，"可方才先生却说，不是箭法，乃是眼力，不知此话怎讲？"

更羸也不卖关子了。他爽朗地喝了一口酒，说："您问我如何知道那大雁曾经受过伤，对吗？"

"没错，大雁飞得那么高，一个小伤口，就算眼力再好也看不清呀。"

"我并不是看到了它的伤口。而是看那大雁飞得缓慢，并且叫声悲切。"更羸停顿了一下，问魏王："您想想，大雁在什么情况下飞得缓慢呢？"

"没吃饱自然就飞得慢了呗。"魏王脱口而出，不过他很快反应了过来，答案只怕没这么简单，他恭敬地说："洗耳恭听先生教导。"

"并非没吃饱那么简单。大雁往往成群而飞，我们射下的这只却是孤零零的。它一定是受了伤飞不快，跟不上雁群，因此才落了单。"

"原来如此，怪不得您断定这只大雁受过伤啊。"

"一只离群的孤雁，伤口还未愈合，心中自然又惊又怕。当它听到地面上传来弓弦声时，会怎样做？"

"自然是拼命往高处飞，以免又被弓箭射中。"

"旧伤还未愈合，又奋力高飞，再次牵动了伤口，使其崩裂。看上去这雁似乎是被无形气箭所伤，其实是旧伤崩裂，才会陨落地面。"

更赢说完这番话，魏王才恍然大悟。他佩服地说："射箭不仅是技艺，还要善于观察和思考。先生您这一番谈论，比那传说中的箭法更珍贵啊！"

更羸与魏王处京台之下，仰见飞鸟。更羸谓魏王曰：“臣为王引弓虚发而下鸟。”魏王曰：“然则射可至此乎？”更羸曰：“可。”有间，雁从东方来，更羸以虚发而下之。魏王曰：“然则射可至此乎？”更羸曰：“此孽也。”王曰：“先生何以知之？”对曰：“其飞徐而鸣悲。飞徐者，故疮痛也，鸣悲者，久失群也。故疮未息，而惊心未去也。闻弦音，引而高飞，故疮陨也。”

《战国策·楚策四》

注释

- 更羸：著名的射箭能手。
- 京台：台名，游玩观赏的地方。
- 有间：片刻，有一会儿。
- 孽：受伤的鸟。
- 徐：缓慢。
- 故疮：旧伤。

更羸随魏王站在京台下，抬头望见飞鸟。更羸对魏王说："我愿意为大王虚拉弓弦，把这只鸟射下来。"魏王问："射箭的技术竟能达到这样神奇的地步吗？"更羸说："能！"过了一会儿，一只大雁从东方飞来，更羸拉弓虚弹一下，大雁应声落地。魏王说："射箭的技术竟真能达到这样神奇的地步？"更羸说："因为这只大雁身有隐伤。"魏王问："先生怎么会知道它有隐伤呢？"更羸说："因为这只大雁飞翔缓慢而叫声悲切。飞得慢，是旧伤疼痛所致；叫声悲，是失群太久的缘故。旧伤未愈，而惊恐之心还没有忘掉，听到弓弦的响声，它一定要拼命往上高飞，结果因旧伤的伤口迸裂而跌落下来。"

等来的机会（管庄刺虎）

　　大家都知道，老虎是森林之王。跟凶猛的老虎相比，人类的力量就跟猴子差不多，根本不值一提。如果让老虎跟人搏斗，它轻而易举就能咬掉人的脑袋。

　　只有那些极其勇敢又富有经验的猎人，才敢拿着猎叉和老虎搏斗。

　　不过，有些猛士仅凭着一双铁拳，也有可能战胜老虎。

　　春秋战国时期的鲁国，就有这么一个举世无双的大勇士。他名叫管庄子。见过管庄子的人都说，他身强体壮，威武极了，一个人就能抵得上一支军队！

　　因为他做官的封地在卞县，人们也叫他卞庄子。当时，兵强马壮的齐国想要攻打弱小的鲁国，最快的行军路线本来要经过卞县，但是因为人们都畏惧管庄子，所以齐国的大部队专门绕开了卞县，宁可多走点路，也不敢跟管庄子正面对上。

卞县的百姓们都非常尊敬他，把他当成百姓的守护者。

有一年，卞县的山林中发生了不少老虎伤人的事件，作为赫赫有名的猛士，管庄子当然要为民除害。只不过，这次进山打虎，还有他的好友管与一起同行。

两人在深山密林中一边走，一边寻找老虎的踪迹。走着走着，管与说："阿庄，我怀疑这座山里有好几只猛虎。我们一定要小心。"

管庄子听了这话，却毫不在意："怎么会呢，都说了一山不容二虎。而且就算有两只老虎一起上，我也能打得它们满地找牙！"说着，还比划着向空中打了两拳。

管与瞪了他一眼，嘲讽道："我还能不了解你？以你的武力，一只老虎勉强能对付，两只绝无可能。你跟我吹什么牛？莫非你以为老虎是家养的猫不成？"

管庄子悻悻地摸了摸鼻子。管与和他从小一起长大，对他无比了解。这个朋友聪明、勇敢，什么都好，就是不爱给他面子。看，刚吹了个牛，就被狠狠戳破了。管庄子不服气地问："老虎一贯都是独行，你怎么知道这山上有好几只老虎？"

"你动动脑子好不好？我们这一路走来都没看到什么野兽，就连山鸡、野兔也没见到几只。一只老虎怎么可能捕获如此多的猎物？"

管庄子看看四周，想了想，恍然大悟："确实如此！"

"而且，最近老虎伤人的事件这么多，一定是因为山里的野兽不够吃，老虎才跑下来吃人。我们今天一定要分外小心。尤其是你，一定要听我的安排，不许贸然行事！"管与的神情严肃了起来。

管庄子看他如此认真，也重重地点了点头，心中重视了起来。

他们一大早就出门上山了，现在已经是中午，灼热的太阳高高挂着，两人都是又渴又累。他们便找了一个平坦的地方，坐下来休息。

可是他们刚拿出水和干粮，突然就听到远处好像传来了老虎的咆哮声，隐约还夹杂着人的呼救声。

两人对视一眼，谨慎地收拾好行李，又检查了武器，轻手轻脚地向着声音传来的方向探去。

转过一个山坳，令人心胆俱裂的一幕赫然呈现在两人眼前——一个猎户浑身是血，在地上挣扎号哭，而旁边，两只猛虎正虎视眈眈。

管庄子看到这凄惨的一幕，一腔热血忽地涌上头。作为一个深受百姓爱戴的大英雄，他实在不忍心眼睁睁看着猎人被老虎吃掉。他紧紧握着手中的猎叉，准备好了要跟老虎拼死搏斗。

就在管庄子已经把自己的生死置之度外，想要跳出来奋力一搏时，管与拽住了他的衣服。管庄子回过头，看到管与恶狠狠的眼神。

管与低声说："你忘了吗？刚才说过了要听我的安排！你又要贸然行事？"

管庄子急忙解释："那个猎人受了重伤，如果我不赶紧去赶走老虎，他一定会被吃掉。"

"可是你一个人打不过两只老虎！"管与生气地说。

"那我也绝对无法坐视不理，这可是我治下的百姓！"管庄子的语调激动了起来。

"我没拦着你救人，我让你不要冲动！"管与指了指地上的猎人，又指了指两只老虎："那个猎人被咬断了腿，无法逃跑，他在老虎眼里已经是盘中餐了。现在这两只老虎，应该是在争夺食物。"

果然，管与的话音刚落，两只老虎就扑在一起，厮打了起来。只见无数树枝被虎爪拍断，地上树木横飞，异常凶险。

管庄子看到老虎一掌就拍断了一根手臂粗的树枝，心里也确认了，自己也就能够勉强对付一只老虎。现在同时对上两只，自己绝无胜算。

他低声问管与："我们救人要紧，你有什么好办法吗？"

管与爬到树上，向那个猎人的方向扔下了一段绳子，打手势让猎人绑好自己。然后他小心翼翼地慢慢拉着绳子，一点点地将受伤的猎人拖离了老虎的"战场"。他的动作非常谨慎，两只老虎打得正起劲，一点儿也没有察觉。

　　管庄子正想把猎人拖得更近一点好给他包扎治疗，管与却阻止了他："现在还不能救人，不能让老虎发现自己的午餐没了。"还没等管庄子开口，管与又问他："你看这两只老虎一大一小，你能对付得了那只大的老虎吗？"

管庄子仔细看了看厮打中的老虎，确实，有一只的个头要稍微大一些。评估着老虎的力量和速度，他回答："应该勉强能应付。"

"那就好，咱们俩就在这里等，它们一定会两败俱伤，到时候你再出手，一定能全身而退。"

"万一那两只老虎不打了，把猎人分着吃掉了，可怎么办？"管庄子担忧地问。

"不会的！"管与非常肯定，"山里的野兽已经不多了，这个人对老虎来说是一顿美食。老虎性情凶残，绝对会争个你死我活，它们才没有坐下来好好谈判的智商呢。这两只老虎一定会有一只被打得失去战斗力，我们只需要对付剩下的那只就可以了。"

事实也正如管与所料，半个时辰过去了，两只老虎的战斗已经进入了尾声。小的那只老虎奄奄一息躺在地上，开膛破肚，眼看活不了了。而大的那只老虎呢，身上也多了好几道深深的伤口，力气也几乎耗尽了。

就在这时，管与推了推管庄子："快，机会来了，该你出手了！"

管庄子不愧是天下无双的猛士。他面对老虎毫无惧色，刚经过一场酣战的老虎根本不是他的对手，没几个回合，老虎就被猎叉刺中，丢了性命。而管庄子却毫发无损。

虎口脱险的猎户对着管庄子千恩万谢，感激他救了自己。

可是管庄子却说："其实真正救你的人是管与啊！幸好他观察仔细，又有智谋，否则，我也打不过两只老虎。"

管与此时也笑着说："空有智慧哪行，哪怕是受伤的老虎，也比人凶猛。如果没有你的勇武，我们也没法在虎口下救人呀。"

管与和管庄子这一对好朋友，一个聪明机智，一个勇猛过人。正是他们俩联合起来，才一举打败了凶猛的老虎，为民除害。

原文

　　有两虎争人而斗者，管庄子将刺之。管与止之曰：

"虎者，戾虫；人者，甘饵也。今两虎争人而斗，小

者必死，大者必伤。子待伤虎而刺之，则是一举而兼

两虎也。无刺一虎之劳，而有刺两虎之名。"

《战国策·秦策二》

注释

- 争：争抢。
- 管庄子：人名。亦作卞庄子。
- 刺：刺杀。
- 戾虫：凶猛残暴的野兽。
- 甘饵：可口的食物。
- 举：举动。
- 兼：同时具有。

　　有两只老虎因争抢着吃人而搏斗，管庄子准备去刺杀它们，管与制止他："老虎是一种凶猛残暴的动物，人是它可口的食物。现在两只虎因争一人而搏斗，弱小的老虎一定会死掉，强大的老虎必定要负伤。你只需等待老虎受了伤再去刺杀它，只做了一件事却同时解决了两只老虎。没有耗费刺杀一只老虎的劳力，却获得了刺死两只老虎的美名。"

《淮南子》

《淮南子》为西汉淮南王刘安及其门客所著，又名《淮南鸿烈》。这本书以道家思想为主，又融合了阴阳、法家等思想流派，对后世影响深远。除了哲学思想外，这部书中还记录了大量的天文、历法、科学、技术等内容。此外，它的文笔瑰丽、雄浑多姿，是汉代文学的典范之作。

重用小偷的大将军（子发用盗）

　　楚国有个远近闻名的常胜将军，名叫子发。

　　子发这个大将军，既不喜欢金银珠宝，也不沉迷歌舞享乐，他呀，就喜欢到处搜罗那些会稀奇古怪技艺的人。不管你是擅长雕刻铸造，还是懂得观星占卜，只要谁能掌握一门别人都不会的技艺，他就能被子发将军奉为座上宾。

　　子发将军爱才的名声，全楚国都闻名啊。于是呢，也有一些人凑个热闹来拜访他，想讨一碗饭吃。

　　比如最近的消息，有一个庄稼汉，别的啥也不出色，唯独学公鸡打鸣学得那叫一个惟妙惟肖。子发将军居然把他也当成了贵客。

　　这不，集市上的人三三两两，聚在一

起，就聊起了这最新的八卦。

"会学公鸡打鸣，都能被大将军当成贵宾。这大将军也太好骗了吧！"

"都说'鸡鸣狗盗'，那我钻个狗洞偷东西，没准儿也能在大将军那儿混口饭吃。"

"嚯，何止是混口饭吃，大将军还要恭恭敬敬向你行礼呢！"

说者无意，听者有心。大家的这些话传到了小偷阿市的耳朵里。

小偷阿市没有名字。他的父母在他很小的时候就已经去世了。小小的孩子无力谋生，也没有别的亲戚，只能在集市上偷点东西填个肚子，所以大家就喊他"阿市"。

"这位子发将军，似乎是个大善人呢。"阿市心中想着。他渐渐长大了，实在不愿意继续过这种小偷小摸的日子。"如果能加入军队，堂堂正正挣一口饭吃，那该多好呀！"

"可是，大将军真的会收留一个小偷吗？我就这样冒冒失失去了，万一被人轰出来怎么办？"

阿市的心里实在是有些害怕。

当他第八天在将军府门口徘徊犹豫的时候，远处传来了一个消息，让他终于下定了决心：无论如何，我都要求见将军。

因为，东边的齐国要打过来了！

阿市求见的时候，很不巧，大将军正在午睡。当他听到门口守卫传来消息，说有个小偷求见他的时候，他一骨碌爬了起来，随手套了件衣服，就往门外跑去迎接。

伺候大将军的随从跟在他身后喊："将军，您的衣服还没穿好呢！哎呀，衣带都没系，发髻也歪了！"

可大将军理都不理他，一溜烟就跑到了正门口，恭恭敬敬地把阿市请进了门。随后，摆上了好酒好菜招待他。

看到子发将军对小偷这么恭敬，他的几个亲信随从可是有点不乐意了，站在一旁脸色乌黑。

等到阿市刚离开，这些随从们"呼啦"一下子就围了上来，纷纷劝阻将军。

"这就一小偷，您是大将军，犯得着对他那么客气吗？"

"要我说啊，将军您就是太好说话了，什么人都跑来找您打秋风。前两天刚来个学公鸡打鸣的老头，今天又来一小偷。咱们将军府成菜市场了？"

子发将军很有耐心地听大家说完，依旧面色温和，不过，说出的话却暗含责备："我知道，大家对阿市有意见，觉得他是小偷。可是诸位想想，你们谁有能力悄无声息地拿到别人的东西，还能全身而退？这就是他的本领。本将用人不看身份，只看能力。只要用对了地方，小偷也能办大事！"

阿市其实并没有走远。他听到大家对他的轻视的言语时，紧紧捏起了拳头，很不是滋味。可当他听到将军的那番话时，心中仿佛一下子被一把火点燃了，激荡翻滚。从来没有人给过他这样的信任。

"子发将军，我一定不会让你失望！"

阿市的机会很快就来了。

这次齐国攻打楚国，不仅出动了自己国家的精锐军队，而且还带来了好几个盟国的精兵强将。面对如此强大的敌人，子发将军这场仗打得非常艰难。他率领的军队已经连续被打退三次了，眼瞅着就要退到都城边缘了，楚国危在旦夕。

夜已经很深了，可主帅的营帐里还是灯火通明。楚国所有的谋士、将领全都聚集在了子发将军的营帐中，大家的眼睛都熬得通红，可是，谁也没想出一个能让齐国退兵的法子。

"要不然，咱们求和吧。这齐国的军队，越打越凶猛啊！"不知是谁冒出了这么一句话。

"不可！敌人已兵临城下，此刻求和，我们就像砧板上的肉，还不是任人宰割？"子发立刻否定了这个提议。

"可如果不求和，我们还能怎么办呢？"有人惶恐地问。

子发揉了揉眉心，强打着精神说："时间实在是太晚了，大家都回去休息吧，我再想想。"

看着人群都已散去，阿市闪进了主帅大营。

"子发将军，我愿为你分忧。"

"你有何计谋？"子发打量着眼前的年轻人。只见他躯干纤瘦，四肢修长，一举一动都显得非常灵活。

阿市快速说出了他的计划。将军一边听着，一边看着眼前的兵力排布沙盘，微微点头。等阿市说完，将军也下了判断："此计可行！"

没想到将军这么轻易就采纳了自己的提议。阿市还想再多说几句，让计划显得更加充分，可子发将军挥了挥手，阻止了他："这些细节就不用和我讲了，我相信你，放手去做吧！"

看着将军为战事操劳的倦容，阿市心中突然涌起一种不顾一切的信念，他坚定地应了一声："是！"转身向门口走去。

刚走没几步，子发将军忽然喊道："等等。"

阿市急忙转身回来："将军还有什么吩咐？"

将军拍了拍他瘦削的肩："此行危险，你要注意安全。"

第二天清晨，天刚蒙蒙亮，阿市手中拿着一件东西，来向子发将军复命了。

过了没一会儿，一匹快马奔出了楚国的军营。传信的士兵直直地向齐国军队的驻扎地而去，口中还高声喊着："我们将军给齐国主帅送礼来啦！"

不过半个时辰，一个朴素的木盒已经摆在了齐国主帅的桌上。齐国将领们则在一旁小声地议论着。

"两军正在交战,怎么突然送礼?莫不是有什么阴谋?"

"我猜是那楚军扛不住了,向我们求和呢。"

……

有人突然冒出了一句疑问:"这小盒子里该不会有什么暗器吧?"

齐国主帅皱起了眉头。他指挥着一个手下:"你去把那盒子打开。"

手下心惊胆战地凑到盒子边,小心翼翼地揭开一个缝隙。等了一会儿,无事发生,他便将盒子全部打开,露出了里面盛的东西。

"这，这是什么玩意儿？"手下奇怪地问。盒子里盛放的"礼物"，似乎是个罩床用的帷帐。

齐国主帅也是满脸不解。可他仔细看了看那帷帐的样子，突然神情一变，匆匆向自己的卧室走去。再回来时，他一脸铁青。

原来，那盒子里放的，竟是他昨晚睡觉时用的帷帐！居然就这样神不知鬼不觉地被人偷走了！

"去问问这礼物是从哪里得来的。"齐国主帅咬着牙传令下去。

"回禀将军，楚国的使者说，那是他们上山砍柴的时候捡到的。知道是您丢的东西，所以特意来还给您。"

"哼！什么上山打柴，分明就是他们派了刺客来，想要暗杀本帅！还特地送了本帅身边的帷帐过来羞辱我，简直是欺人太甚！"齐国主帅气得火冒三丈，立刻派人加强了夜晚的守卫巡逻。

可第二天，子发将军又来送礼了。

这次礼盒里装的，是齐国主帅睡觉用的枕头！

齐国主帅那是又气又怕。他赶忙下令，让人将他的营帐团团围住。

然而根本没有用。第三天，子发将军的大礼盒又送来了。

　　盒子中装着的，赫然是他最常用的那根发簪。

　　齐国主帅倒抽了一口冷气。他突然感到自己的脖子凉凉的，忍不住伸手摸了摸自己的头。如果再不退兵，明天这盒子中盛的，只怕就是自己的头颅了吧？

　　此时，齐国军中上上下下，都是一阵心惊胆战。主帅营帐昨晚守得如铁桶一般，大家有目共睹，可这楚国刺客竟然来去自如。若是他想要谁的项上人头，那还不是轻而易举？

　　齐国将领们相互环视，大家都在彼此的眼中看到了两个字：惊恐。

　　"将军，退兵吧！"所有人都异口同声地请求。

能当一国主帅，必然不会是胆小之人。但此时此刻，齐军上下都被吓破了胆，军心早已涣散。齐国主帅心里清楚，现在的齐军，绝对不是楚军的对手。再不退兵，只怕要全军覆没！

直到齐国的大军全部退出楚国国境，楚军的将领们才彻底把提着的心放回肚子里。

大家纷纷向子发将军打听，究竟是使了什么计谋，竟让齐军就这么走了。

子发将军骄傲地指着阿市说："这可都是我们这位神偷的功劳啊！齐军主帅以为我们派了个神出鬼没的刺客，为了保住项上人头，才灰溜溜地逃走了。"

神偷阿市则腼腆地笑着说："我哪里能当刺客呀，杀人我还真不在行。我只是会偷东西而已啦。"

楚将子发好求技道之士。楚有善为偷者，往见曰："闻君求技道之士。臣，偷也，愿以技赍一卒。"子发闻之，衣不给带，冠不暇正，出见而礼之。左右谏曰："偷者，天下之盗也。何为之礼？"君曰："此非左右之所得与。"

后无几何，齐兴兵伐楚，子发将师以当之，兵三却。楚贤良大夫皆尽其计而悉其诚，齐师愈强。于是市偷进请曰："臣有薄技，愿为君行之。"子发曰："诺。"不问其辞而遣之。偷则夜解齐将军之帷帐而献之。子发因使人归之。曰："卒有出薪者，得将军之帷，使归之于执事。"

明又复往，取其枕。子发又使人归之。明日又复往，取其簪。子发又使人归之。齐师闻之，大骇。将军与军吏谋曰："今日不去，楚君恐取吾头。"乃还师而去。

《淮南子·道应训》

注释

- 技道：技艺，技术。
- 赀：此处是充当的意思。
- 衣不给带：穿衣服来不及把腰带系上，形容非常匆忙。
- 却：退。
- 悉：尽。
- 帷帐：此处指床帐。
- 出薪者：出去打柴的人。
- 执事：对对方的敬称，表示不敢直指对方。

译文

楚国将领子发喜好谋求有技能的人。楚国有一个擅长偷盗的人去见他，说："听说您谋求有技能的人，我善于偷盗，愿意以我的技能充当一名士卒。"子发听说后，衣服带子没系好，头冠也没戴正，就出来以宾客之礼相待。左右的人说："偷窃之人，是盗取天下之物的，为什么以礼仪见他呢？"子发说："这种技能并不是你们都具有的。"

没过多久，齐国组织军队攻打楚国，子发率军迎敌，楚军三次败北。楚国的智谋之士拿出了自己的全部计谋能力，但齐国的军队愈发强大。这时小偷请战，说："我有一些微薄的技能，愿意为您效劳。"子发说："好吧！"没有问任何问题就派遣小偷去了。小偷在夜幕的掩护下，将齐军主帅卧室里睡觉的帷帐偷了回来。子发派使者将帷帐送还给齐军主帅，并对他说："我们出去打柴的人捡到您的帷帐，特地赶来奉还。"

第二天晚上，小偷又去把齐军主帅的枕头偷来，子发又一次派人送还。第三天晚上，小偷偷得主帅头上的簪子，子发又一次派人送还。齐军上下听说此事，甚为恐惧，主帅惊骇地对幕僚们说："如果再不撤退，恐怕子发要派人来取我的人头了。"于是，齐军不战而退。

古时候，在北方边境线上，住着一位古怪的老头。

那时候，长城外的胡人经常会越过长城，抢夺村民们的粮食、财物，所以，生活在边塞之地的老百姓都会把家安在远离长城的地方。可是这个古怪的老头呢，却偏偏带着家人住在长城脚下。

热心的村民们都来劝他："你家离长城太近了，万一胡人入侵，打起仗来，你可来不及跑！"

可老头固执地摇了摇头，说："长城脚下也没什么不好的，我又不种地，这片草场很适合养马。"

大家又劝他："如果非要住在这儿，你可一定要把房子和马棚都砌得结结实实的。"

古怪的养马老头（塞翁失马）

老头又摇了摇头："照我看，墙结实也不一定是好事。"

大家很不理解：谁家不希望家里的围墙结实牢固？这老头真古怪。

虽然老头爱跟大家唱反调，不过呢，他很有知识，不仅会读书写字，天文、术数这些杂学他也都懂一些。因此，远近的村民们也很尊敬地称他为"塞翁"。

有一天早上，塞翁还没起床，就听见他的儿子在院子里大呼小叫："不好了！咱们家养的马少了一匹！"

儿子急得团团转，可塞翁却慢条斯理地起床、穿衣、洗漱，一点儿也没往心里去。

塞翁的儿子又跑到村庄里，向村民们打听："乡亲们，有谁见到了我家那匹白马吗？那马全身纯白，没有一根杂毛，一眼就能认得出。今天早上它无缘无故就不见了。"

村民们听说塞翁丢了家里最值钱的一匹马，都纷纷前来慰问。大家聚在一起讨论着，有人怀疑是偷马贼偷走了白马，有人安慰着塞翁的家人，还有人继续劝说塞翁："之前让你把马棚砌结实，你不听，现在好了，马丢了，你快好好修缮一下马棚吧。"

听着大家安慰的言论，塞翁却一点沮丧的神情都没有，他笑眯眯地说："谁说丢了马一定很糟糕呢？没准这还会是一件好事呢。"

大家听了，心里都觉得好笑：马丢了，明明是件坏事，他却说也许是好事，这个古怪的老头！

丢了一匹马，塞翁的生活还跟以前一样。他早上赶着马群去草原上放牧，晚上再牵回来，脸上也总是挂着乐呵呵的笑容。没过多久，大家也就把丢马的事儿忘了。

可谁都没想到，几个月后，让人震惊的事情发生了。塞翁家丢了好几个月的大白马，又自己跑回来了！不仅自己跑回来了，还在外面找了个"对象"——一匹高大健壮的胡地骏马。

要知道，胡人能够在草原上来去自如，全靠他们的马好。胡马速度快、耐力强，是胡人的宝贝。他们把马像眼珠子一样看得牢牢的，决不允许私自出售给汉人。没想到，塞翁家的白马居然带了一匹胡马回来！

看到塞翁居然白得了这么好的一匹马，乡亲们都羡慕得不得了。大家纷纷来到塞翁家，向他庆贺。大家都说："还是老爷子您有远见啊，怪不得当初丢马时您一点都不担心。"

有人想起了以前修围墙的事，对塞翁更佩服了："怪不得当初您说围墙坚固不一定是好事呢，您早就预料到今天了吧？"

听着大家的恭维，塞翁却面无喜色，反而唉声叹气起来。

所有人都莫名其妙。有人忍不住问："白赚了一匹胡马，这么大的喜事，您怎么不高兴了呢？"

塞翁皱着眉说："唉，谁说一定是好事？没准这是个大隐患。"

大家听了，很不以为然。明明就是占了大便宜，这塞翁却说是隐患。这古怪的老头！

自从有了胡马的加入，塞翁家的马匹质量蒸蒸日上。胡马和塞翁家原本养的马生下了不少小马驹。它们既有胡马的好体力，又有温顺的性格，一时间，塞翁家靠着卖马富了起来。

塞翁的儿子非常喜欢骑马。现在家中添了这么多好马，可把他高兴坏了。他经常约着几个朋友一起赛马，挑战各种高难度的骑马技巧。

结果，有一次赛马的时候，他从飞奔的马背上摔了下来，正好撞上了一块凸起的岩石。大夫来瞧过之后，叹着气说："摔得太严重啦，大腿的骨头都折了，就算勉强接好也是个跛子。小伙子这辈子要落下残疾了，真可怜！"

和塞翁儿子一起赛马的朋友们心中都难过极了。村民们听说了这件事，也都为塞翁一家感到遗憾：小伙子明明有着大好的前途，却偏偏成了残疾人。

塞翁虽然心疼儿子的遭遇，但并没有特别悲痛。他平静地对大家说："虽然我儿子遭了大难，但这没准还会是一件好事呢。"

听了这话，乡亲们都想：这老头儿怕不是心疼得疯了吧？儿子残疾，他居然说可能是件好事。这老头，到底是怎么想的呢！

自打儿子出事后，塞翁不再继续养马了。他把家中的马全部卖掉，换了一大笔钱，在邻近的城里买了土地，建了宅院。

那一年，天气干旱，草原上的牧草一大片一大片地枯萎，而冬天又来得特别早，冻饿而死的牛羊牲口不计其数。

胡人们熬不住了。他们本来就是靠放牧为生，遭遇了这么大的天灾，他们根本就活不下去了。

怎么办呢？只能跨过长城去抢劫！

于是，这一年的边境，发生了极其惨烈的战争。原本在边境驻守的军队，只能应对小拨的胡人入侵骚扰。现在胡人大军倾巢而出，短短几天之内，长城下就聚集了一大片黑压压的兵马。

驻守的长官慌了神。现在请求援兵已经来不及了。

没办法了，只能临时拉壮丁！

军中一声令下，只要在边境一带生活的青壮年男子，必须立刻来军营报到。胆敢隐瞒躲藏者，一律处死。就这样，总算是勉强凑了些人马，跟胡人开战。

战场之上，刀剑无眼。身经百战的老兵都会随时丢了性命，更何况这些被临时拉来凑数的青年呢？他们既不会武艺，又不懂战术，一个个难逃死伤的命运。

漫长的冬天终于过去了，胡人退兵，回到了草原。边境的老百姓死伤惨重。那些被临时招去上战场的儿郎们，十个人里面最多能有一个活着回到家中。

又是一年春来到，可是边境小城里却丝毫没有喜悦的气氛。家家户户的门前都挂着白布，无声哀悼着那些在战争中死去的青年。

官府为死难者举行了祭奠仪式。年迈的塞翁和他跛脚的儿子也带着酒和食物去参加。在仪式上，塞翁见到了以前的一个邻居，那是他儿子摔伤时，曾来安慰过他的一位老妇人。

痛失儿子的老妇人也看到了塞翁父子。塞翁现在已是白发苍苍，但精神尚好。

看着父子俩相互搀扶着走远的身影，老妇人喃喃自语道："当初儿子摔断了腿，你说也许是件好事，我还不理解。现在，我总算是明白了。虽然终身残疾，但总比年纪轻轻就送了命好呀！老爷子，我终于看懂了你的睿智。"

　　近塞上之人有善术者，马无故亡而入胡。人皆吊之。其父曰："此何遽不为福乎？"居数月，其马将胡骏马而归。人皆贺之。其父曰："此何遽不能为祸乎？"家富良马，其子好骑，堕而折其髀。人皆吊之。其父曰："此何遽不为福乎？"居一年，胡人大入塞，丁壮者引弦而战。近塞之人死者十九。此独以跛之故，父子相保。

《淮南子·人间训》

注释

- 塞上：指长城一带。
- 善术者：精通术数的人。术，术数，古代指星象、占卜等技艺。
- 亡：逃跑。
- 吊：对其不幸表示安慰。
- 其父：这位长者。父，此处为对长者的尊称。
- 何遽：表示反问，可译作"怎么"。
- 居：经过。
- 将：带领。
- 髀：大腿。

靠近长城一带居住的人中，有一位擅长术数的人。他的马无缘无故跑到了胡人的驻地。人们都前来安慰他，这位老人却说："这怎么就不会是一种福气呢？"过了几个月，他的马带着胡地的骏马回来了。人们都前来祝贺他，这位老人却说："这怎么就不会是一种灾祸呢？"

老人的家中有很多好马，他的儿子喜好骑马，结果从马上掉下来摔断了大腿。人们都前来慰问他，这位老人说："这怎么就不会是一件好事呢？"

过了一年，胡人大举入侵边境，青壮年男子都拉起弓箭去作战。靠近边塞一带的人，十分之九都战死了。唯独老人的儿子因为腿瘸的缘故免于征战，父子俩保全了性命。

强大的战士（后羿除六害）

在上古的时候，曾经发生过一次差点毁灭人类的天灾。

我们都知道，天上的太阳东升西落，才有了白天和黑夜，万物才能生长。可是，那次天灾的时候，天上却一下子出现了十个太阳！

当时人们日出而作，日落而息，完全靠着太阳来计时和照明。可十个太阳挂在天上，走到哪儿都是明晃晃的。没有了黑夜，人们的生活全都乱了套。

更可怕的是，这十个太阳，就像十个热腾腾的大火炉，时时刻刻炙烤着大地。所有的草木都被烤得奄奄一息，人们种的庄稼也全都枯死了。田地里没有了庄稼，山野中也没有了野果，这下子，老百姓赖以为生的食物全都没了着落。

没了粮食，人们想靠打猎和捕鱼充饥。可没想到，天灾把那些躲在深山老林里的凶猛野兽也给逼了出来，进山林打猎的人一不小心就会被它们吃掉。还有一些特别厉害的凶兽，甚至还闯进村庄，以人为食。

　　这些凶兽中，有六个最为可怕：性格凶残，喜好吃人的猰貐（yà yǔ）；长着三尺长牙的凿齿；长着九个头，既能喷水又能吐火，叫声如同婴儿啼哭的九婴；翅膀挥动时能扇起巨风的猛禽大风；又长又大，能吞掉大象的修蛇；体形巨大的野猪封豨（xī）。只要是碰上这六只凶兽，没有人能逃掉。

　　这场天灾肆虐之下，饿死的、病死的、被野兽咬死的人，不计其数。活着的人也纷纷陷入绝望之中。太阳就挂在天上，走到哪里也躲不开，人们根本就无路可逃！

　　就在所有人都走投无路之时，两个大英雄出现了。

　　这两个人，一个叫尧，一个叫羿。

　　尧是一位部落首领，他非常有智慧，而且知人善任，带领自己的子民克服了重重困难。而羿则是尧最信任的部下，他武艺高强，并且忠心耿耿。羿还是天下第一的神箭手，"羿"这个字的意思是箭羽带起的风，人们用"羿"来称呼他，赞美他的箭又快又准。

据说，羿的箭法甚至能够与天神匹敌。因此，天神送给了他一件宝物——彤弓素矰（zēng）。这件宝物看上去普普通通，只是一把红色的弓配了九支白色的箭。但实际上，它拥有着毁天灭地的巨大能量，能够让日月星辰坠落。

羿一直珍藏着这套弓箭，从来没有用过。而现在，他要用这套宝物拯救天下的黎民百姓。

没错，羿要用彤弓素矰，把天上多余的九个太阳射下来，还世间一个太平！

尧和羿登上了一座高大的山峰。山顶光秃秃的，树木全都枯死了，而昆虫和小鸟也都不见了踪影，四周一片死寂，只有酷热的风吹拂着两人的面庞。

"你准备好了吗？"尧问道。

羿紧紧握住手中的弓，他说："准备好了。射日需要全神贯注，请您警戒四周，不要让任何人打扰我。"说完，他又补充了一句："彤弓素矰的威力非常大，您离远一点，以免被气浪误伤。"

于是尧走到了山腰，警戒着四周，不让任何人干扰羿。远远望去，羿对着天空，一点点拉开了红色的弓，弓弦流光四溢，而那支白色的羽箭，则闪烁着莹白如玉的光芒。箭，缓缓瞄准着天上的太阳。

尧心中紧张不已。他知道，彤弓素矰虽然威力巨大，但只有九支箭。羿必须每一箭都射中，决不能失手！

突然，尧的耳边传来一声龙啸，洁白的羽箭瞬间化为一条白色巨龙冲天而去，直奔天上的太阳。而以羿为中心，一阵巨风向外扩散，将干枯的树木连根拔起。

尧好不容易在狂风中站稳了脚。他抬头一看，果然射中了！一支白色的箭插进了一颗火红的太阳，将那太阳从天空中扯了下来，向着大地坠去。

一箭，又一箭。羿九发九中。最后，天上终于只剩下了一个太阳。羿成功了！

大地上，所有幸存的人们齐声欢呼，庆祝天灾终于结束了。他们大声高喊着尧和羿的名字，抒发着他们的喜悦与感激。

天灾消除了，可是尧和羿的任务还远远没有完成。

野兽们依然在肆意逞凶，伤人性命。尧和羿决定先除掉带头的六大凶兽。

第一个要对付的凶兽是凿齿。羿赶到南方，在一个叫畴华的大湖边找到了它。

凿齿有着长达三尺的巨牙，看上去非常可怕。它的体型跟人有点相似，能够站立起来，还会手持盾牌，是六大凶兽中最像人的一个。面对羿这个人类第一神箭手，凿齿被打得毫无还手之力，只能藏在盾牌后面不停躲闪。羿瞄准一个空当，"嗖"的一箭，直奔凿齿的心窝而去。

凿齿死在了畴华湖边的荒野中。羿连它的尸体都顾不上处理，直奔下一个凶兽——九婴而去。

九婴原本生活在北狄之地的凶水中。凶水是一条大河，水深千丈，波浪汹涌。十日并出时，凶水被炎热的太阳烤得快沸腾了，九婴嫌水中太热，就跳到了岸上来搞破坏。它长着九个头，前面四个头能喷水，后面四个头能吐火，要想彻底杀死它，必须砍掉中间的那个头才行。

羿手中拿着宝剑，腰边挂着弓，在凶水河畔跟九婴缠斗。他灵活地穿梭着，每刺一剑都会在九婴身上留下一道伤痕。九婴被打得哇哇直叫，声音就像是婴儿在啼

哭一般，可怜兮兮的。可是羿丝毫不为所动，攻击越发猛烈了。九婴一看打不过，转身就想跑，可它不知道羿是天下第一的神箭手，才刚跑到凶水河边，身后一支羽箭就射穿了它中间的那个头。箭的威力不减，带着九婴的尸体，"扑通"一声掉进了汹涌的河水中。

羿要消灭的第三只凶兽是大风。

大风经常在东边的青丘之泽出没，是一只体形巨大的猛禽。它的翅膀展开能挡住半边天，随便扇动一下翅膀，就能卷起巨风，所以才得了"大风"这个名字。它最大的优势就是飞在天上，人们打不着它，可羿一来，它就碰上天敌了。那么大的身躯，就算闭着眼睛也能射中。而且羿射出的箭力道极强，大风躲不开，翅膀差点被射出一个窟窿。眼看自己打不过羿，大风赶紧展开翅膀，拼命往高处飞，非常狼狈地逃走了。

　　"这大风，本事不大，跑得倒是挺快。"羿灵机一动，想到了一个对付它的方法。他拿了一根结实的绳子，绑在箭上，然后一路追到了大风的巢穴。

　　大风看到羿追了过来，故技重施，想要展翅逃跑。可羿不会再给它这样的机会。只见一支利箭破空而去，

直直射入大风的身体。大风拼命挣扎，拍动双翅，卷起的风把石头吹得到处乱滚。但羿就像扎了根一样站在地上，用力拉着绳子，它根本无法逃脱。就这样，大风也被除掉了。

羿要杀的第四只凶兽猰貐非常厉害。传说它原本是天神，却不幸被其他天神害死了。后来虽然它又被救活，却变得性格凶残，喜好吃人。尽管现在的猰貐是兽形，却还残留着一些昔时的神力，比之前的几只凶兽更难对付。

幸好，羿也有天神赐予的宝物——彤弓素矰。虽然九支素矰已经在射日时用掉了，但彤弓还在。也只有彤弓射出的箭，才能对猰貐造成伤害。最终，羿费了很大力气才将猰貐杀死。

现在还剩下两只凶兽——修蛇和封豨。

这两者与其他四只凶兽不同，它们其实就是常见的蟒蛇和野猪，只是成为凶兽的这两只体形巨大。修蛇的身躯盘在一起时，就像一座山峰那样高大。据说它大嘴一张，就能吞下一头活生生的大象。而封豨不仅体形巨大，还残暴贪食，人也好、动物也好，它见啥吃啥，简直是在时刻不停地"吃吃吃"，但凡它经过的地方，往往尸骨累累。

羿先来到洞庭湖对付修蛇。这条大蟒蛇非常狡猾，它知道自己不是羿的对手，就藏在深深的湖水中。只要看到湖上有人乘船，它就会在水底掀起大浪，把小船整个掀翻。羿站在岸边向湖里的修蛇弯弓射箭，可他每射一箭，修蛇就会搅动湖水，让箭失去准头。一时间，羿还真拿它没办法了。

看到弓箭起不了作用，羿索性脱去外衣，手持宝剑跳入洞庭湖中，与修蛇近身搏斗。羿的一身武艺也是出神入化。这下修蛇慌了神。它虽然游得很快，但体形实在巨大，无论怎么躲闪，都会被羿刺中身躯。羿积聚力量，狠狠挥剑，将修蛇砍成了几段。

还剩下最后一害——封豨。

对付封豨，羿可不想直接一杀了之。作为一头大野猪，封豨的肉一定相当美味。羿决定想个办法，把封豨引诱到陷阱里活捉，将它的肉分给大家充饥。

经过一番认真的地形考察后，羿选定了桑林这个地方。此处树木众多，土质也比较松软，最适合做陷阱了。他先挖了一个不算太大的陷阱，刚好能让封豨的蹄子陷进去。然后又让人在林间系了几十条粗壮的绳子，在封豨的必经之路布下天罗地网。一切准备就绪后，羿扛起十斤鲜肉，前去引诱封豨上钩。封豨闻到了肉味，果然上当，直追着羿向桑林奔来。封豨这大家伙的脑子不太好使，即使不停地被绳网绊住，眼里也依然只看得到那十斤鲜肉，还在使猛劲儿往前冲。羿引它来到陷阱的位置，封豨前脚踩上陷阱，半个身子一下子就掉进了坑里，一时间尘土纷飞，封豨满头满脑都是泥土。就在封豨挣扎着想爬出来时，羿转到它身后，抽出宝剑，果断地砍断了它的两只后蹄，又用提前布置好的粗绳子将它牢牢困住。就这样，封豨被羿活捉了。

经过羿的一番努力，凶兽们总算被清除干净了，不过人们的村庄和田地也被祸害得不成样子。这时候，尧带领着大家重建家园，修整土地，终于让老百姓的生活走上了正轨。于是，天下所有的人都心悦诚服地把尧奉为自己的首领。而羿作为尧手下最强大的战士，用心守护着这份来之不易的安宁。

逮至尧之时，十日并出。焦禾稼^{jià}，杀草木，而民无所食。猰貐^{yà yǔ}、凿齿、九婴、大风、封豨^{xī}、修蛇，皆为民害。尧乃使羿诛凿齿于畴华之野，杀九婴于凶水之上，缴大风^{zhuó}于青丘之泽，上射十日而下杀猰貐，断修蛇于洞庭，擒封豨于桑林。万民皆喜，置尧以为天子。

《淮南子·本经训》

注释

- 逮至：等到。
- 禾稼：谷类作物的统称。
- 猰貐：神话传说中的一种吃人怪兽。
- 凿齿：神话中的怪兽，齿长三尺，如凿形，露在下巴外面；能持戈盾等武器。
- 九婴：水火之怪，能喷水、吐火，叫声如婴儿啼哭，有九头，故称九婴。
- 大风：一种凶猛的大鸟，飞升后能兴起大风，又叫风伯。
- 封豨：大野猪。
- 修蛇：又称巴蛇，一种大而长的蟒蛇，能把象吞掉，三年才吐骨头。
- 畴华之野：畴华的荒野。畴华是位于南方的大湖泊。
- 缴：系着绳的箭，这里意为用箭射。
- 置：推举。

　　等到了尧的时候，天上有十个太阳同时出现，庄稼都烧焦了，花草树木全部枯死。老百姓都没有吃的东西。猰貐、凿齿、九婴、大风、封豨、修蛇都出来祸害百姓。于是尧帝让羿在畴华的荒野杀死凿齿，在凶水杀死九婴，在青丘之泽射死了大风，又射落了天上的九个太阳，在地下杀死猰貐，在洞庭斩断修蛇，在桑林捉住了封豨。天下百姓都很高兴，推举尧为天子。

《搜神记》

《搜神记》是晋代干宝编著的一部志怪小说集，今存二十卷，其中收录了四百多个古代及当时流传的神仙鬼怪故事。作者干宝是一位优秀的史学家。《搜神记》的故事情节丰富、言辞优美，是后代诸多传奇话本、戏曲小说的重要来源。

舍身救主的小狗（义犬救主）

古代的人们非常重视葬礼。官员们为祖先修筑的坟墓往往高大显赫，帝王的陵墓更是依托山岭修建，而普通老百姓的坟墓则只是一个小小的土包。

可是，三国时期，在襄阳郡的纪南城里，却出了一件特别令人惊讶的事情。

原来，襄阳郡的太守下令修建了一个高达三十多米的华丽大墓，墓葬的规格堪比达官显贵。可这墓里面埋葬的并不是什么高官，居然只是一只狗！

这只狗难道竟是天狗下凡吗？为何能被如此风光地大葬呢？

原来啊，这里流传着一个感人的故事。

被厚葬的这只狗名叫黑龙。狗的主人是纪南当地人，叫李信纯。黑龙非常聪明，善解人意，李信纯特别喜欢它，无论走到哪儿都要把它带在身边。

主人格外宠爱黑龙。别人家的狗儿只能睡在院子里，而黑龙却可以依偎在主人的床边；别人家的狗儿只能吃剩饭剩菜，可黑龙的伙食从来都是新鲜热乎的。李信纯只要吃到了什么好吃的东西，都要分给黑龙尝一尝。有朋友开玩笑说："黑龙哪里是一条狗啊，它就像是你的半个儿子。"

而黑龙对主人的感情，也分外深厚。李信纯走到哪儿，黑龙那双水汪汪的大眼睛就会看到哪儿，时刻守护着主人的安全。有一次，李信纯在路上走着，不小心踩到了一条蛇。那条蛇弓起身子就要进攻，是黑龙一下子扑过来，牢牢按住了蛇头，救了李信纯。从那以后，李信纯就跟别人说："黑龙就是我的儿子，也是我最忠诚的朋友。"

本来日子可以这么平静地过下去，可是，谁也没想到，意外会忽然降临。

有一天，李信纯的朋友邀请他去城外喝酒。两个人谈天说地，不知不觉就喝多了。古代的城门到了晚上都是要上锁的，一看天色渐晚，李信纯猛地一拍大腿：时候不早了，再喝下去就来不及回家了！

李信纯赶紧从城外往家里赶。他在路上紧赶慢赶，黑龙就在他身边紧紧相随，一人一狗奔跑在回家的路上。可是李信纯今天喝了不少酒，这一跑，酒力发作，他的脑袋一阵一阵发晕，脚步也开始拐来拐去，最后一个趔趄，栽倒在路边的草丛里。

黑龙飞快地跳到主人身边，舔了舔主人的脸。李信纯翻了个身，却发出了鼾声——他竟然就在草地里睡着了！看到主人没事，只是喝醉了，黑龙也放下心来，蜷缩在了主人的身边。

说来也巧，那日襄阳郡的太守郑瑕恰好出来打猎。他来到这一片野地，兴冲冲地想打点野兔、野鸡改善伙食，就看到田野里的杂草长得都快比人高了，啥猎物也看不清。太守不大高兴，就命令手下："去，给我把这片野草都烧了，把猎物都撵出来，让本太守猎个高兴！"

红彤彤的火焰蹿天而起，顺着风蔓延。而李信纯醉倒的位置，恰好就在那片大火即将燃烧过来的方向！

黑龙看到了远处的火焰，急忙用嘴咬住主人的衣服，拼命地拉拽，想唤醒主人。可是李信纯醉得太厉害了，根本就一动也不动。

黑龙急得团团乱窜，突然，它看到就在旁边三五十步远的地方，有一条小溪。

只见它像一颗炮弹一样冲向了小溪，"噗通"一声跳入水中，把自己浑身的毛都浸湿。然后立刻返回到主人身边，把毛发上的水抖落在主人四周，淋湿了一小片草地。

可是，这点水还远远不够！看着远处狰狞扑来的火舌，黑龙拼命地往返于小溪和主人之间，用它浑身的毛发蓄水，一点一点地浇湿主人身边的土地。

沾满水的毛发异常沉重，黑龙的步伐也越来越沉重。来来回回冲刺般跑了十几趟，它的力气已经耗尽了。燥热的空气灼烧着它的喉咙，它"呼哧呼哧"喘着粗气，嗓子里仿佛还有血腥味。但是，它看了看主人，不行，水洒得还不够多，主人还不够安全！于是它挤出了最后一点力气，再次跳入了小溪……

最后，当李信纯的身边终于围成一个湿湿的圆圈时，黑龙也耗尽了自己的全部力气。它再也挪不动脚了。最后的时刻，它把留恋的目光投向了主人，倒在他的脚边，永远闭上了眼睛。

过了一会儿，李信纯醒了，是被烟熏醒的。他拍了拍自己昏沉沉的头，茫然看着四周。第一眼，他就看到了黑龙倒在自己身边。

"黑龙！黑龙！"李信纯大声呼唤着爱犬。可是没有回应。他伸手抚摸着爱犬，却发现黑龙全身的毛发都是湿的！

奇怪！为什么黑龙会死在这里？为什么它全身都湿漉漉的？

当李信纯环顾四周时，他好像突然一下子明白了什么。烧焦的野草、灼热的空气，这里有过一场大火。可是，自己却毫发无伤。是谁用水浸湿了自己身边的草地？

答案就在眼前，却哽咽在了他的喉咙里。李信纯抱着黑龙的尸体，嚎啕大哭。他明白了一切，是这只亲近如同家人的忠犬，在危急时刻，付出生命救了自己！他不停哭喊着黑龙的名字，直到声音嘶哑。

远处，太守的随从看到了这令人惊讶的一幕。一个披头散发的男子抱着一只黑狗，跪坐在草地上，哭得不能自已。随从没想到野外的草地中居然还有人，更没想到这个人竟能在一片火海中活下来！

"你是什么人？为什么在那儿哭？"随从很是怜悯地问道。

在李信纯断断续续的讲述中，随从明白了事情的经过。他随即把这件事禀报给了太守。

太守郑瑕非常惭愧。如果不是他为了打猎而放火，李信纯不会遭此大难，而黑龙更不会付出生命的代价。

同时，他也被这只忠犬深深打动了。"黑龙对主人无比忠心，用自己的性命守护主人，它的知恩图报，比人还要强千百倍！"太守唏嘘地对身边的人说。

　　"你的爱犬丧命，是因为我的过错，对不起！"太守诚恳地向李信纯道歉。紧接着，太守又颁布了一条命令："我要为忠犬黑龙建造一座富丽堂皇的大墓，让它像人一样入土为安。我要让所有人都向它学习！一个人如果不懂得知恩图报，还比不上狗！"

　　再华丽的墓穴，也换不回黑龙的生命。可是，这至少证明了一件事：或许，你给狗狗的只是简单的一日三餐，可是，到了危难的时刻，狗狗却愿意付出自己的生命来保护你。

　　孙权时李信纯，襄阳纪南人也。家养一狗，字曰黑龙，爱之尤甚，行坐相随，饮馔^{zhuàn}之间，皆分与食。忽一日，于城外饮酒大醉，归家不及，卧于草中。遇太守郑瑕出猎，见田草深，遣人纵火爇^{ruò}之。信纯卧处，恰当顺风。犬见火来，乃以口拽纯衣，纯亦不动。卧处比有一溪，相去三五十步，犬即奔往，入水湿身，走来卧处。周回以身洒之，获免主人大难。犬运水困乏，致毙于侧。俄尔信纯醒来，见犬已死，遍身毛湿，甚讶其事。睹火踪迹，因尔恸^{tòng}哭。闻于太守，太守悯之曰："犬之报恩，甚于人! 人不知恩，岂如犬乎？"即命具棺椁衣衾^{guǒ qīn}葬之。今纪南有义犬冢^{zhǒng}，高十余丈。

《搜神记·卷二十》

注释

- 馔：饮食。
- 爇：烧。
- 恸：极悲痛。
- 棺椁：棺材和套棺（古代套于棺外的大棺），泛指棺材。
- 衣衾：指装殓死者的衣服与单被。
- 冢：坟墓。

译文

三国时代孙权在位时，襄阳郡纪南城里有个人叫李信纯。他家里养了一条狗，取名为黑龙。他非常宠爱这狗，走路、入座都带着狗，吃喝的时候，也会把食物分给狗吃。忽然有一天，他在城外喝醉了，没有来得及回到家，就在草丛里睡着了。太守郑瑕刚好出来打猎，看到田野里的野草很高，就派人放火烧草。李信纯躺的地方，恰好是顺风方向。狗看见火烧过来，就用嘴拖李信纯的衣服，他还是一动不动。他躺着的地方挨着一条小溪，相距三五十步远，狗就跑过去，冲进溪水里浸湿身体，再跑回李信纯躺的地方，来回把身上的水洒在地上，以免主人被火烧死。狗这样来回运水非常辛苦，最终累死在主人的旁边。过了一会儿，李信纯醒来，看见狗已经死了，而且全身毛都湿了，感到很惊讶。他看到了火烧的痕迹，因此悲痛大哭。这事被太守知道了，太守很怜悯这条狗，说："这狗的报恩胜过了人！人如果不知恩图报，怎么比得上狗呢？"于是，太守就叫人准备了棺椁、衣服把狗埋葬了。至今，纪南城还有义犬冢，高达十多丈。

终于安宁的宅子（何文除宅妖）

魏郡首富张奋今天喜气洋洋。

因为魏郡核心地段最大的那套宅院，终于被他买到手了！

这套宅院不仅地段好，而且修建得漂亮极了。亭台楼阁、小桥流水，处处都彰显着精巧的构思。走进宅院里，就好像走进了仙境一般。

这套宅院很久都没人住了，但始终有人看守打扫。据说，它曾经的主人，是当今皇帝的亲舅舅呢！这可是正儿八经的皇亲国戚，整个魏郡都找不出比他更显贵的人了。只因为老国舅爷突然病逝，他的几个孩子谁也不想来魏郡居住，这才要把这套宅院卖掉。

想买下这套宅院，光有钱可不够，还得有足够的地位才行。因此张奋心里得意极了。他还专门把老家年迈的爷爷也接了过来，想让老人家也沾一沾皇亲国戚的光。

在噼里啪啦的鞭炮声中，在乡亲和朋友们羡慕的眼光中，张奋一家老小住进了新家。

可是谁也没想到，搬进新家不过几个月的时间，张家就出了一连串的大事！

先是家里的人一个接一个地病倒了，紧接着张奋的爷爷、父亲、母亲相继去世，再后来张奋自己也重病不起。张奋这一病，等于是主心骨倒了，家中的生意也赔得一塌糊涂。很快，魏郡首富张家就沦落到了靠变卖家产维持生活的地步。

张家最值钱的家产，就是这套"皇家宅院"了。很快，宅院就被转手卖给了另一位名叫程应的富商。

这位程应也不简单。他早年在外做生意，全靠自己硬生生打下了一番家业。

现在张奋家急着用钱，低价变卖宅院，程应捡了个大便宜。

可惜厄运并没有放过程家。举家搬入不到半年的时间，程家上上下下，居然全都生了大病。

这下子，街坊邻居全都偷偷议论起来了。大家心里都在嘀咕："该不会是这套宅院有问题吧？"

程应自己也害怕了。他恨不得带着一家老小赶紧搬走。可这么大一套宅院，难道就这样不要了？

"卖给谁好呢？"程应自言自语道，"这套房子有点邪乎，得找个胆子大、有本事的买家才行，上哪找这样的人啊！"

他在院子里走来走去，愁眉不展。突然，他看到了门外经过的镖车。"哎呀，怎么把他给忘了！"程应猛地一拍脑门，想到了一个符合要求的人，"快，准备马车，找我曾经的老邻居去！"

马车停在了"何记镖局"的门前。程应快步下车，走进了镖局。

只见宽阔的练武场中，一个身材魁梧的汉子正在练刀。一把青钢刀被他舞得密不透风，看得人眼花缭乱。一套刀法练完，那魁梧汉子擦了把汗，向着程应爽朗地大声笑道："程老哥，今天怎么有时间来我这镖局做客，咱们可得好好喝上几杯。"

程应也高兴地向对方拱手道："何文老弟，你的武艺可是又精湛了。"

何文走到程应身边，正要拍拍老友的肩膀，却突然停住了手。他担忧地问："看你脸色怎么如此苍白，可是最近身体不适？"

程应闻言，沉重地叹了口气："老弟啊，不瞒你说，自从搬进了那皇家宅院后，我这全家上下都病倒了。今天老哥哥我厚着脸皮，想求你一件事。"

何文神情越发严肃了："你我是多年的朋友了，什么事但说无妨。只要我能办到，一定尽力。"

程应说："这套宅院，恐怕是有些古怪。老弟你艺高人胆大，能不能去探查一番？这房子我本来就是低价买的，我愿再折半卖给你，就当是请你除害的谢礼。"

"这宅院价值不菲，我怎么能占你这么大便宜呢？不妥不妥。"何文赶紧推辞。

"何老弟你当年走南闯北，见识过多少江湖风浪。说句实话，在这魏郡，除了老弟你之外，我真是想不出谁还有胆子敢住这套房子。反正我是不敢住了，三天之内，我全家都要搬回乡下祖宅。"程应想到全家离奇得病，心中越发害怕。

"程老哥莫怕，你们搬走后，我先去一探究竟。若能除去祸患，你们再回来也不迟啊。"何文劝慰着老朋友。

程应连连摆手，把一串宅院钥匙硬塞给何文。那神情，就像是送瘟神一般急迫。

程家人搬走后，何文并没有立刻搬进宅院里。他选了一个月光明亮的夜晚，带着他的青钢刀，趁着夜色独自潜入了这座"不祥"的宅院。

　　院落很大，在月光下，一草一木都显得无比优美。但何文的目光并没有被漂亮的景色吸引，他警惕地四处观望，最后来到了北边的堂屋。

　　这是全宅院最大的一间屋子，屋顶的房梁全部用名贵的金丝楠木制成，美观而结实。何文提气纵身一跳，就像壁虎一般，顺着墙壁爬上了最粗的那根房梁。

　　粗壮的房梁完美地遮蔽了何文的身影。他静静潜伏在屋顶，一动不动，耐心等待着……

　　等啊等啊，直到三更快要结束的时候，忽然凭空冒出了一个高高的人影。

　　何文的眼角一跳，全身的肌肉猛地绷紧了。"这人影有一丈多高，绝不是人类。不知他半夜来这间空屋要做什么？难道是发现我了？"何文心中猜测着，手紧紧攥住大刀，努力平复快速的心跳。

　　那个人影渐渐走近了。借着月光，何文看见他戴着高高的帽子，身穿黄色衣服。那人登上厅堂，呼喊了一声："细腰。"

这时，不知从何处传来了细细的一声应答。何文侧耳细听，那声音离得不远，但有点沉闷，似乎是隔着什么东西。

人影并没有发现何文。他问道："屋里怎么有一股陌生人的味道？"

何文顿时紧张了起来。他死死抓住刀，一旦那人影向他出手，他立刻就能暴起还击。

细腰却说："没有什么陌生人的气味啊。"

人影似乎很信任细腰，听它这样一说，就离开了。

何文松了一口气。"看来这座宅院，确实有几分古怪。"他暗暗自语道，"我再等等看。"

没过一会儿，又来了个戴高帽子的人影。唯一的不同是，这人影穿着青色的衣服。这青衣人影也呼唤了细腰，问的问题和刚才一模一样。

何文有点摸不着头脑。"这青衣人影和刚才那黄衣人影，明显不是一路。可他们似乎都认识细腰。"何文暗自推测。

青衣人影刚走没多久，又来了第三个高帽人影。这人穿着白衣服。跟前两个人一样，他又唤出了细腰，问了同样的问题。

这时，何文的心中基本有了结论："黄衣、青衣和白衣，应该是各自为政。细腰似乎对这所宅院更加熟悉，并且与他们都相识。看来破局的关键，就在这个细腰身上。"

仔细回忆着刚才的问答，何文心中冒出了一个大胆的想法："这细腰，看起来不太聪明的样子。或许，我可以诈他一诈。"

据说鬼怪都怕日光，何文趴在房梁上一动不动，耐心等待着日出。他已经考虑好了，要在黎明前的那一刻行动。这样，即使计划不成功，他也更有把握全身而退。

终于，东方渐渐露出一丝曙光。就在这时，何文从房梁上一跃而下，学着刚才三个人影的腔调，呼唤道："细腰。"

那道细细的声音果然答应了一声！

何文大胆问细腰："穿黄衣服的是谁？"

细腰有问必答："那是黄金啊。在堂屋西边的墙壁下面埋着。"

何文心中一乐，这细腰可真听话，问啥都说。

何文继续问："那穿青衣服的是谁？"

细腰一板一眼地回答："那是铜钱啊。在堂前距离水井五步远的地下埋着。"

何文循循善诱："那穿白衣服的是谁？"

细腰知无不言："那是白银啊。在墙壁东北角的柱子下埋着。"

何文已经搞明白了那三个人影的来龙去脉。他灵机一动，继续问："你又是谁？"

细腰老老实实地回答道："我是木杵呀，现在在厨房的灶台下面呢。"

原来如此！

何文心中暗自好笑。他走南闯北，能听懂很多方言。有些地方用"杵"形容人蠢笨。现在看来，这木杵确实不聪慧，把自己交代了个一清二楚。

等到天亮了，何文按顺序，先挖开了堂屋西边的墙壁。嚯，足足五百斤黄金啊！黄澄澄的金子在晨光下闪闪发亮。

他又挖开了水井边的地。更夸张了，一千万贯铜钱。这些钱光挖就得挖好几天。他匆匆点了一下，又用土把铜钱掩埋了起来。

最后，何文来到了屋角的柱子下。果然有整整五百斤白银。

细腰说的都是真的。

一般人忽然得了这么大一笔意外之财，肯定是要乐疯了。但何文没有。他冷静地思考了一下。张家、程家搬来没多久就生病了，多半是跟这些精怪有关。

但金、银、铜钱三个人影看起来并不相识。究竟谁才是导致两家人生病的元凶呢？

是细腰。

金、银、铜钱都埋在地下，只有细腰才知道整个宅院的情况。细腰是主谋，金、银、铜是帮凶。

细腰一定要除！

何文来到厨房，从灶台下果然找到了一个看上去年代久远的木杵。他毫不留情地点起火，将木杵投入灶台，亲眼看着它被烈火吞噬。

从那以后，这套宅院再也没出过任何怪事。而何文，也凭借着自己的胆大心细，一跃成为当地数一数二的大富豪。

　　魏郡张奋者，家本巨富，忽衰老，财散，遂卖宅与程应。应入居，举家病疾，转卖邻人何文。文先独持大刀，暮入北堂中梁上。至三更竟，忽有一人长丈余，高冠，黄衣，升堂呼曰："细腰。"细腰应喏。曰："舍中何以有生人气也？"答曰："无之。"便去。须臾，有一高冠青衣者。次之，又有高冠白衣者，问答并如前。及将曙，文乃下堂中，如向法呼之，问曰："黄衣者为谁？"曰："金也。在堂西壁下。""青衣者为谁？"曰："钱也。在堂前井边五步。""白衣者为谁？"曰："银也。在墙东北角柱下。""汝复为谁？"曰："我，杵也。今在灶下。"及晓，文按次掘之，得金银五百斤，钱千万贯。仍取杵焚之。由此大富，宅遂清宁。

《搜神记·卷十八》

注释

- 竟：结束。
- 升堂：登上厅堂。
- 应喏：答应。
- 舍：房屋。
- 须臾：一会儿。
- 将曙：天快亮时。
- 向：刚才。
- 杵：舂米或捶衣的木棒。

译文

魏郡有个人叫张奋，他家本来非常富裕，忽然家人衰弱老去，财产散失，就把宅院卖给程应。程应搬进宅院居住，全家都生了病，就把宅院转卖给邻居何文。

何文先独自拿着大刀，傍晚时分走进了宅院北边的堂屋，躲在屋子的中梁上。到了夜里三更快要结束时，忽然有一个人，身高一丈多，戴着高帽子，穿着黄衣服，登上厅堂呼喊道："细腰。"细腰答应了。那人问："这屋子里为什么有陌生人的气息？"细腰回答说："没有。"穿黄衣服的人就离开了。过了一会儿，有一个戴高帽子、穿青衣服的人出现，之后又有一个戴高帽子、穿白衣服的人出现，他们和细腰的问答都与前面那个人一模一样。

到了天快亮时，何文下到堂屋里，按刚才那些人的方法呼唤细腰，问："穿黄衣服的是谁？"细腰回答说："那是黄金。它在这堂屋西边的墙壁下面。"何文又问："穿青衣服的是谁？"细腰回答说："那是铜钱。它在堂屋前井边五步远的地方。"何文又问："穿白衣服的是谁？"细腰回答说："那是白银。它在堂屋墙壁东北角的柱子下面。"何文又问："你又是谁？"细腰回答说："我是木杵，现在在灶台下面。"

等到天亮，何文依次挖掘那几个地方，得到黄金、白银各五百斤，铜钱千万贯。他把木杵取出来并烧掉。从此，何文相当富裕，宅院也清静安宁了。

《酉阳杂俎》

《酉阳杂俎》是唐代段成式创作的笔记小说集。该作品有前集二十卷，续集十卷。所记内容有仙佛鬼怪、人事以及动物、植物、酒食、寺庙等，分类编录，一部分内容属志怪传奇类，另一部分记载各地与异域的珍异之物。其中也记录了不少的童话故事。

夜遇白衣人（月球的科学传说）

月亮高高挂在天空中，又白又亮。古代的人对月亮有很多美好的想象，比如，大诗人李白就写过"小时不识月，呼作白玉盘。又疑瑶台镜，飞在青云端"这样的句子。人们还想象月亮是一个洁白的宫殿，叫广寒宫，里面住着漂亮的嫦娥仙子。月亮上的阴影呢，则是一棵大桂花树的影子，旁边还有一个叫吴刚的人在用斧子砍伐这棵桂花树……

这些传说流传很广，可是，谁也没亲眼见过嫦娥和吴刚。但是，在一千多年前的唐代，却有一本书，记录了我们和"月球人"初次碰面的故事。有人真的见到了来自月球的外星人，甚至还吃了外星人给的食物？！

究竟发生了什么呢？

一间典雅的书斋中，点着明亮的灯烛。烛火下，一位白发老者正在反复阅读一封信。

　　这位老者，正是《酉（yǒu）阳杂俎（zǔ）》的作者段成式，他家境富裕，最喜欢收集一些神奇的故事。写信的人，则是他的一位多年老友郑仁本。

　　郑仁本在信中写道，自己有一位年龄相仿的表弟，多年前与朋友同游嵩山，回来之后便声称自己遇到了仙人，可当时谁也没在意他的话。直到现在，几十年过去了，他的表弟依然鹤发童颜，精神矍铄（jú shuò），而且这么多年竟然从来没有得过病，比那二十来岁的小伙子还健康。

　　这件事儿，让年老的段成式非常感兴趣。他立马收拾东西，去拜访郑仁本的表弟，求问健康长寿之道。

　　到了郑家，见到了老友郑仁本和他的表弟，两个人的差别可太大了！郑仁本已经老态龙钟，身子弯得像一只虾米，脸上也全是干瘪的皱纹，说起话来声音沙哑，仿佛总是含着一口痰似的。而仅仅比他小一岁的表弟呢，脸色却红润得像个孩子，举手投足都轻盈挺拔，而且笑声爽朗，声音洪亮。两个人往那儿一站，简直像是两代人！

段成式啧啧称奇。他们相互见礼入座后，郑家表弟便缓缓讲起了曾经的神奇遭遇。

郑仁本的表弟姓张，那时候还是个普普通通的读书人。他的家境比较贫寒，为了来年的科举考试，暂时借住在表哥家中。

那年考完试，成绩出来后，表弟赫然考中了秀才，全家人都为他感到开心。张秀才自己也非常高兴，他就约了一位同年考中秀才的姓王的同学，两人一起去嵩山旅游，放松一下。

张秀才和王秀才，这俩都是读书人，平时出门也少，看到嵩山的美景，两人都流连忘返。他们攀着藤条爬上一座又一座山坡，跨过一条又一条溪流，渐渐偏离了大路。

他俩一路有说有笑，正好走累了，便坐在路边休息。等到再次站起来的时候，却发现，糟糕，迷路了！他们不知不觉竟然走到了一片非常幽深僻静的山林中，放眼望去，人迹罕至。

两个人四处寻找，想要找到来时的路，可是找了半天也没有成功。

"这山山水水，看上去怎么都一样啊？"王秀才擦了擦汗，抱怨道。他俩似乎一直在山林间打转。

天色渐渐暗了下来，傍晚归巢的乌鸦"哇哇"鸣叫着，山林间似乎传来了什么动物的呼啸声。"难道这里有什么猛兽？"两人对视一眼，腿不由自主地抖起来。

"呼……呼……呼……"声音似乎越来越响了。

"不对，这不是猛兽的叫声。这是……有人在打呼噜的声音！"张秀才听出是人声，激动得喊了起来。

"太好了，想必是山中的猎户。他一定熟悉道路，我们快去找他。"王秀才也同样激动不已。

两人沿着声音的来处找去。等他们拨开丛生的荆棘杂草后，眼前的一幕，却让他俩目瞪口呆。

确实有个人在睡觉。可是，这人绝对不是什么山中的猎户。他身上穿着一件看不出材质的衣服，洁白得像羽毛一般，轻柔而有光泽。地上满是荆棘和泥土，但他的衣服上却一点儿污泥也没沾到。他枕着一个小包袱，睡得正香。

"这人穿的衣服也太奇怪了，该不会是什么山精

鬼怪吧？"王秀才的心里直打鼓。

可张秀才却说："我们找不到路，晚上如果在山中过夜，肯定会遇到野兽，那不就送了性命吗？此人敢在丛林深处熟睡，一定熟悉周围环境，我们问他，准没错。"

王秀才想了想，好像也没有别的办法了，只能试一试。

张秀才清了清嗓子，大声说："这位朋友，醒醒啊！我与同窗不小心偏离了大路，偶然走到这里，找不到出去的路了。您知道官道的方向吗？"

地上睡着的人被他吵醒了。那人不高兴地睁开眼，微微抬了抬头，瞥了两人一眼，根本没搭话，又睡着了。

两位秀才面面相觑。这人被打扰了清梦，已经有些不高兴了，再问下去，怕惹他生气。可若是不问他，又实在找不到回去的路。怎么办呢？眼看着夕阳已经挂在了山腰上，吹来的山风也渐渐有了寒意，两人商量了半天，还是决定硬着头皮继续打扰他。

张秀才又呼唤了好几声，语气越来越有礼貌，声音也越来越大。

睡觉的那个人蒙着头翻了个身，实在睡不着了。他一骨碌爬起来，回过头不高兴地看了他们一眼，大声说："别喊了，吵死了！你们过来吧！"

两位秀才高兴坏了，连忙跑到那人身边。张秀才深深作了一个揖，说："实在抱歉，我二人迷失了方

向，眼看天色渐晚，不得已才打扰您睡觉，特给您赔礼道歉。"

那位白衣人站起来，并没有接话，只是随意抖了抖身上的草木。那白衣就如同被水洗过一样，光洁如新，还泛着一层淡淡的光辉。

王秀才看到这件衣服，眼前一亮："这件衣服如此稀奇罕见，想必您一定是在山中隐居的高人吧？"

白衣人听了这话，哈哈大笑起来。笑了好一会儿，他突然问两人道："你们知道月亮是由什么组成的吗？"

听到这样没头没脑的一句话，两位秀才都愣住了。他们都是熟读四书五经的饱学之士，可是，哪本书上都没讲过月亮的结构是什么，这可怎么回答呀？

看着两人发呆的样子，白衣人又笑了起来。他说："告诉你们吧，月亮乃是由七宝合成的。"

哦，七宝啊，这个他们在书上学过。佛教的七宝，乃是黄金、白银、水晶、琉璃、珊瑚、琥珀、砗磲（chēqú）这七种珍宝。只是，月亮真的是由这七种宝物组合成的？

想归想，他俩可不敢多嘴一问。

白衣人又继续科普："月亮看上去是个扁扁的圆

盘，但其实，它像弹丸一样，是个球体。"

张王两位秀才点了点头。嗯，这个很好理解。只是张秀才突然有点好奇："月亮既然像个弹丸，理应浑圆光滑，为什么偶尔会看到些阴影呢？"

白衣人看了他一眼，微微颔首，似乎对他的这个问题感到满意："月亮是个球体没错，但这个球体表面却是凹凸不平的样子，便像这样。"说罢，白衣人从地上捏起一团泥，搓成团子，又用指甲在泥团上挖出一些坑坑洼洼，比给他俩看。

接着，他继续说："你们看月亮似乎熠熠生辉，但其实月亮本身并不发光，全靠反射太阳的光辉。月亮上凸起的地方挡住了阳光，下方自然就形成了一片阴影。"白衣人举起手中的泥丸，在泥丸上捏起了一小撮山脉的模样，将泥丸对着阳光，指着小山脉投下的阴影。"你们看这泥丸，月上的阴影就跟这泥丸上的阴影是一样的原理。"

张秀才听着这闻所未闻的说法，心中极其震惊，可偏偏他根本找不到一点儿反驳的地方。他心中其实已经相信了白衣人，可还是追问了一句："这些秘密，您又是如何得知的呢？难道您去月亮上看过？"

白衣人神秘地笑了笑，拿起了地上的包袱。他打开包袱，从中拿出了一把极其特别的斧头。那斧头不知道是用什么材质制成的，似铁非铁，反射着冷光。他轻轻巧巧地举起斧子向一棵大树砍去，树木应声而倒，断口非常光滑。

看到张秀才和王秀才张大了嘴、瞪大了眼的模样，白衣人被逗得捧腹大笑。他又从包袱里拿出了一个凿子，向一块岩石上凿去。那岩石在他手下，就像豆腐做的似的，凿得轻松极了。

王秀才摸了摸岩石，硬邦邦的，并不是豆腐。

白衣人举着这两样工具，对他们说："月亮由七宝合成，有八万两千户人负责维修它。我便是那维修成员之一。这两样工具，你们现在可造不出来。"

原来，这竟是一位月亮上的神仙啊！两位秀才立刻跪下来，"咚咚"磕头，口中说着："拜见神仙。"

白衣人扶起了两人，摇着头说："我可不是你们的神仙，我不是你们这儿的人啊。"他席地坐下，又翻了翻包裹，拿出了两团小小的裹在一起的东西，看上去像是两个小饭团。"既然遇到了你们，也是有缘，这两团玉屑饭就送给你们吧。"

玉屑饭！那可是传说中仙人的食物啊，两个秀才接过了小饭团，手都在发抖。那玉屑饭吃在嘴里的口感清凉如冰，还带着点微甜，两人从未吃过这么好吃的东西。可惜只有小小一团，吃一口就没了。

两人眼巴巴地看着白衣人的包袱。

白衣人赶紧把包袱收了起来，藏到身后，说："刚才吃的玉屑饭，虽然不能延长你们的寿命，但也可让你们以后都不生病。"

他站起身来，指了指侧边的一条路，说："只要沿着这条路走，很快就能走到大路上了。"

张秀才和王秀才互相看了一眼，那疑惑的眼神仿佛在问对方："刚才，这里明明没有路啊。难道我们眼花了吗？"

白衣人可不管他们的眼神交流，挥了挥手，想赶紧把他们打发走："快走快走，别再吵我睡觉。"

两人只好向前走去。走了几步后，他们回头一看，那片地方空空如也，哪里还有什么白衣人！

"真的遇到神仙了吗？"两人懵懵懂懂地走着。果然，转过一个弯后，下山的大路赫然出现在了眼前。

回到家后，张秀才向表哥和其他亲戚讲了自己的遭遇。可当时，大家都以为他俩在山里饿昏了头，根本没有人相信。

几十年过去了，张秀才和王秀才，果然再没有患过什么大病，就连个头疼脑热的小风寒都没有得过。

故事读到这儿，你是不是也以为，两位秀才在山里遇到了神仙呢？

可是你知道吗？直到十七世纪，意大利科学家伽利略用第一架天文望远镜观测时，才首次发现月球的地貌起伏不平，有山脉，有月坑，有月海（平原），而《酉阳杂俎》的成书时间是唐朝，不会晚于公元653年，整整比伽利略早了近一千年！

太和中，郑仁本表弟，不记姓名，常与一王秀才游嵩山。扪萝越涧，境极幽夐，遂迷归路。将暮，不知所之。徙倚间，忽觉丛中鼾睡声。披榛窥之，见一人布衣，甚洁白，枕一襆物，方眠熟。即呼之曰："某偶入此径，迷路，君知向官道否？"其人举首略视，不应，复寝。

又再三呼之，乃起坐，顾曰："来此！"二人因就之，且问其所自。其人笑曰："君知月乃七宝合成乎？月势如丸，其影，日烁其凸处也。常有八万二千户修之，予即一数。"因开襆，有斤凿数事，玉屑饭两裹，授与二人，曰："分食此，虽不足长生，可一生无疾耳。"乃起，与二人指一支径："但由此，自合官道矣。"言已，不见。

《酉阳杂俎·前集卷一·天咫》

注释

- 太和：唐文宗李昂的年号。
- 常：通"尝"，曾经。
- 扪萝越涧：攀援藤蔓，越过山涧。扪：攀，挽。涧：山间的溪流。
- 幽夐：幽深。夐：深远。
- 徙倚：徘徊，逡巡，此处形容焦躁无计的样子。
- 披榛：拨开丛生的荆棘。披：分开。榛：通"榛"，丛生的草木。
- 襆：包东西的布。
- 顾：回头。
- 就：靠近。
- 所自：从哪里来。
- 七宝：佛教语。此处可理解为七种珍宝。七宝具体所指，佛经中说法不一，如：《无量寿经》以黄金、白银、琉璃、珊瑚、琥珀、砗磲、玛瑙为七宝；《大阿弥陀经》以黄金、白银、水晶、琉璃、珊瑚、琥珀、砗磲为七宝；等。
- 斤凿：斧头与凿子。

译文

　　唐文宗太和年间，郑仁本的表弟，具体姓名不详，曾跟一个姓王的秀才同游嵩山。二人攀缘藤萝，越过山涧，到了极其幽深偏远的地方，因而迷路了。天色将晚，他们仍不知身在何处。焦躁徘徊的时候，忽然听到树丛中有打鼾的声音。拨开丛生的荆棘一看，发现有个白衣人，枕着包襆，睡得正熟。二人上前叫醒他，问道："我们偶然来此，迷了归路，您知道官道的方向吗？"那人抬头略看了看两人，没有回答，重新睡倒。

二人再三叫他，那人才坐起身来，回头说："来这儿吧。"二人紧随其后，问他从哪里来。那人笑道："你们可知道月亮是七宝合成的吗？月亮的形状乃是球体，之所以有阴影，是太阳光照射其表面凸起部分所致。月球上有八万两千户维修工，我就是其中之一。"说着打开包袱，里面收纳着斧子、凿子一类的工具，以及两包玉屑饭。他把玉屑饭分给两人道："你们分着吃了这个吧。虽然不能长生不死，但能保一辈子不生病。"说着他站起身来，指着一条小路对两人说："只要顺着这条路走，自能走到官道。"说罢消失不见了。

王后叶限（中国的灰姑娘）

如果你读过《格林童话》，那么你一定知道"灰姑娘"的故事。不过，早在一千五百多年前的中国唐代，就流传着一则关于"灰姑娘"的童话故事，这会是一种巧合吗？

这位中国的灰姑娘，名叫叶限，她的父亲是一位部落首领。在我国西南地区，有些少数民族会把自己的首领叫作"洞主"，这个部落的人都叫"洞人"。叶限的父亲就是一位"洞主"，因为他姓吴，所以也被当地人称作"吴洞"。

叶限从小就非常善良，而且心灵手巧，擅长烧制陶器，吴洞很是宠爱这个女儿。不过，叶限的母亲在她很小的时候就因病去世了，吴洞便又娶了一个妻子；很快，他们又生了一个女儿。

因为有着父亲的宠爱，继母一开始对叶限很好，两个女儿的吃穿用度都是一样的。可是，父亲去世后，继母就渐渐显露出了苛刻的一面。她把自己的女儿打扮得漂漂亮亮，却让叶限穿破旧的衣服；她自己的女儿吃精美的食物，叶限却只能吃粗茶淡饭，而且经常吃不饱。更可恶的是，她把叶限当女仆使唤，经常让她做一些挑水砍柴的粗活。即使如此，继母还是看不惯叶限，总是想除掉她。比如，让她一个小姑娘独自去深山老林里砍柴，希望叶限被野兽咬死。可是，叶限每次都能化险为夷，把继母气得直跳脚。

有一天，继母给了叶限两个大大的水桶，说："你去山上挑一些泉水，填满家里的大水缸，否则今天就别想吃饭了。"

叶限默默地接过了水桶，向山上走去。在潭水边，她忍不住放声大哭起来。其实她家不远处就有一口水井，周围人都在那里打水喝，可是继母却嫌弃井水没有泉水好喝，总是要求她上山挑水。山路难行，水桶又大，她挑着水桶很容易摔跤，每次都得天刚亮就起床，一直干活到深夜，才能挑满一缸水。

"爸爸妈妈，我好想你们啊！"叶限坐在潭水边，越想越伤心。她哭了很久，泪水糊了满脸，便想捧起水洗洗脸。可当她把手伸进潭水里时，一尾小鱼游到了她的手掌中。

那只小鱼只有两寸长，但长得漂亮极了！它的背鳍是红色的，眼睛则是金色的。它在叶限的手掌里灵活地游动着，还时不时亲亲她的手指，一副跟她很亲昵的样子。

叶限小心地捧起小鱼，问它："你是想跟我回家吗？"

小鱼欢快地游了个圆圈，仿佛在回答她的问题。

叶限太喜欢这只可爱的小鱼了，她把鱼儿藏在水桶里，小心翼翼地带回了家。然后，又偷偷从厨房拿出了一个小盆子，把小鱼养在自己住的房间里，并从自己的晚饭中省下一点粮食，喂养小鱼。

小鱼长得很快。没多久，小盆子就装不下了，叶限给它换了个大一点的盆子。可是还没过三天，新盆子又盛不下它了。刚来时只有两寸长的小鱼，现在已经长到自己手掌那么大，叶限发愁地点着盆子说："鱼儿啊鱼儿，你再这么长，我可没有盆子能放下你啦。"

鱼儿似乎听懂了她的话，用尾巴指了指屋外。叶限明白了："你是说，让我把你放到屋后的那个大池塘里吗？"鱼儿上下晃了晃自己的脑袋，似乎是在点头。

"但那个池塘很深，听说里面还有一条大蟒蛇呢，你会被吃掉的。"叶限担心地说。

鱼儿用自己的尾巴拍了拍水面，表示自己很厉害，你放心吧！

叶限也想不到其他的办法了，只好趁着夜晚，偷

偷把鱼儿放入了池塘。不过，她还是会每天去看望鱼儿，并把自己省下的晚饭喂给它吃。鱼儿只要看到叶限来了，就会很快游到岸边，跟她嬉戏玩耍一番。不过鱼儿很机警，如果看到其他人的踪影，就立刻沉入水底，远远游开。所以，除了叶限，周围居住的人谁也没见过这只漂亮的鱼儿。

叶限的继母最近察觉到有一些不对劲，她发现叶限每天都要往屋后的池塘跑。"不对啊，家里的水缸都是满的，她去池塘边做什么？"继母喃喃自语，"该不会是想投水自杀吧，呵呵，那可太好了。"

一天天过去了，叶限不仅没有投水，心情还越来越好了，有几次，继母甚至看到她哼着歌儿往池塘边走。继母越来越疑惑了，她便远远地跟着叶限，竟然听到了叶限说话的声音。可这池塘边，再也没有别人了呀。等叶限走后，继母对着池塘来回打量，却什么也没发现。

"太奇怪了，到底是谁？"继母想到叶限居然背着自己有了朋友，就恨得牙痒痒。她眼珠子一转，想到了一个歹毒的计谋。

这天，她拦住了叶限，说："你最近干活儿干得不错，我给你买了套新衣服。你这旧衣服也太破了，现在赶紧换上新的吧。"趁着叶限的注意力都在新衣服上，她假装不经意地拿走了叶限的旧衣服。

"我听说五里外的山上，有一眼泉，水质清澈甘甜。你现在去挑一桶水来。"继母命令道。

叶限离开后，继母就换上了叶限的旧衣服，又在袖子里藏了一把锋利的刀，来到了池塘边。"出来吧！"继母学着叶限的声音呼唤道。鱼儿看到熟悉的衣服，还以为是叶限来了，欢喜地游出了水面。

就在这时，继母迅速一刀向鱼儿刺去。当初只有六七厘米长的小鱼，现在已经长成了一条三米多长的大鱼。它没来得及躲开这致命的一刀，被刺中了要害。继母将大鱼拖出水面，狠狠地砍下了它的脑袋，并将大鱼拖回家，做成了一锅鱼汤。

"今天这鱼的味道真不错，比我们平时吃的鲜美好几倍呢。"在餐桌上，继母的亲生女儿高兴地喝着鱼汤，赞不绝口。继母则冷笑了一声，没有接话。饭后，她把大鱼的骨头藏在了粪土堆里。

第二天，叶限来到了池塘边，可无论她怎样呼唤，都没有看到鱼儿的身影。"鱼儿是遭遇什么危险了吗？"叶限担心极了，不禁哭了起来。这时，从天上突然降下来一个人！那人披散着头发，穿着粗布的衣服。那人安慰叶限说："你别哭了。你的鱼是一条能让心愿成真的金鱼，可惜已经被你后妈杀掉了。鱼肉被炖成了汤，让他们母女二人喝掉了。鱼骨则被埋在你家的粪土堆下面。你回去之后，偷偷把鱼骨挖出来，藏在你的屋子里，鱼骨会保佑你的。以后你有任何需要，就尽管对着鱼骨祈祷。"

叶限强忍着悲伤，擦干了眼泪，回到家中。夜里，等到继母和妹妹都睡着后，她拨开粪土，找到了鱼骨。叶限不顾粪土的恶臭，抱住了鱼骨，仿佛抱住了陪伴自己长大的好朋友一般。

悲伤过后，她又想起了天降怪人的话。于是，她便试着对鱼骨许愿。今天又没有吃饱饭，先许愿要点吃的吧，一道金光闪过，桌上立刻出现一桌美食；再试试穿的，又一道金光闪过，床上凭空出现一套新衣服；要金银珠宝呢，金光一闪，桌上出现了叶限这辈子见过的最漂亮的珠宝首饰……原来，那人的话是真的。

从那以后，叶限再也不用为衣食发愁了。只要对着鱼骨祈祷，金银珠宝、华服美食，都应有尽有。不过，叶限并不贪图享乐，她只拿走了一些自己需要的食物，以及几件朴素却保暖的衣服。平时，她依然默默承受着继母的苛责，做着繁重的家务。

没过多久，就到了洞节，那是整个部落最重要的节日，就像汉族人的春节一样。叶限的继母带着妹妹去过节，却把叶限独自留在了家中，让她看守庭院中的果树。叶限看着远处明亮的火焰，耳中传来热闹的嬉笑声，心里羡慕极了。自从鱼儿被杀害后，叶限失去了唯一的朋友，家里的生活如此压抑，却再也没有人跟自己说话谈心。她很想参加洞节，哪怕仅仅只是围着火堆跳个舞。

于是，她第一次向鱼骨祈求了华贵的服饰："鱼儿啊，请给我一件漂亮的裙子，还有一双好看的舞鞋。"话音刚落，她的面前就出现了一套用翠鸟羽毛纺织而成的衣服。那衣服轻柔细密，在灯下轻轻一晃，就流动着璀璨的光泽。衣服旁边，还放着一双用金线编织的鞋子。她穿上去试了一下，金鞋轻盈又柔软，每走一步，都仿佛踩在云朵上一般舒适。

叶限看到继母已经走远了，就换上翠衣、金鞋，也来到了洞节的集会上。她开心地跳着舞，畅快地欢笑着，那优美的身姿吸引了一大群人，大家围着她一起舞蹈。

继母的女儿挤进了人群中，看到了叶限。只不过，现在的叶限打扮得华丽贵气，又是夜晚，火光下看得不太清楚。女儿告诉继母："妈妈，你看在那群人中间跳舞的那个女的，长得有点像姐姐。"继母闻言，爬上了一块大石头，向人群中眺望了一会儿，她也觉得似乎有些像叶限。

叶限在欢乐的舞蹈中，无意抬了一下头，立刻就瞧见了远处站在石头上的继母。她吓出了一身冷汗：要是被继母发现自己溜出来参加洞节，肯定会被狠狠地打一顿。于是叶限急急忙忙挤出人群，一路奔跑着回家。因为太匆忙了，甚至跑丢了一只鞋，但她也来不及回去寻找。紧赶慢赶，终于在继母之前回到了家中。

她快速洗去了脸上的脂粉，换上了自己的破布衣服。刚刚换好，就听到大门口传来了开锁推门的声音。叶限扑到庭院中，抱着果树，把脸压在树上，假装自己睡着了。

继母回到家，看到叶限老老实实待在家中，甚至抱着树睡着了，这才放下心来。

话说叶限丢失的那只金鞋子，被一位洞人捡到了。洞人看不出鞋子的材质，但知道这肯定很值钱，就把鞋子卖到了与部落隔海相望的陀汗国。

这个陀汗国，非同小可。它建立在海岛上，兵力非常强大，周边的几十个小岛都尊它为王，其统治的海域达几千里。这只精美的鞋子被献给了陀汗国王，国王让所有的嫔妃宫女都来试穿这只鞋，可是谁也穿不上。这鞋就好像有仙法似的，会自己变大或缩小，导致它总比试穿者的脚小一码。

国王来了兴趣，这只鞋子真有意思！他下令让全国所有的人都来试一试这只鞋。国王想："全国的人都来试，总有人能穿上它吧？"

可试穿的结果让国王大跌眼镜——居然还是没人能穿上这只金鞋！

国王把鞋子拿在手里，仔细端详。金鞋看似用黄金织成的，却轻柔得像羽毛，踩在石头上一点声音都没有。这么神奇的东西，怎么会在一个普普通通的洞人手里？"说不定是他从哪里偷来的，我要狠狠地拷打他！"国王把不满都发泄在了这个倒霉的洞人身上，将他关押了起来，百般拷问。

"大王，这只鞋真的是我在路上捡来的呀！"洞人哭喊着说，"我就是瞧着它怪好看的，肯定能卖上大价钱，才想着卖到陀汗国来。我什么都不知道啊！"

国王很烦躁，让人堵住了他的嘴。"看来这人确实不知道。"但国王可没这么容易放弃。他又下了一道命令："去，把这只鞋子扔到吴洞的驻地去。"

国王的手下有点发蒙："大王，您不要这只鞋了吗？"

"蠢货！"国王给了他一巴掌，"扔在路边，再让人悄悄盯着点儿，看有谁试穿了这鞋子，立刻抓来拷问。"

"大王妙计啊！"手下领命走了。

没多久，叶限的妹妹就在部落的集市上看到了一只金鞋。这只金鞋一下子勾起了她的回忆——那天晚上，衣着华贵的美丽女子翩翩起舞，穿的正是这样一双鞋！

她鼓起勇气，试了试这双鞋子，哼，居然穿不上！

可没想到，回家的路上，她就被两个凶神恶煞的士兵拦住了。"说，你是不是认识这只鞋？"士兵喝问。

妹妹吓得一屁股坐到了地上，她结结巴巴地说："不，不认识。我就是见它好看，想穿一下，结果穿不上……"

"也对，穿不上，说明不是鞋的主人。正主肯定不敢出来试穿啊，这让我们上哪儿追捕去。"两个士兵相互抱怨道。

"追捕？"妹妹听到了这个词，突然想到个好点子。"那个，士兵大哥，我可能有个线索……"

当天晚上，叶限被几个士兵搜了出来，押着跪在门口。一个小队长凶狠地审问她："你妹妹说，这只鞋子是你的？洞节那天晚上，你穿着它跳舞了，是真的吗？另一只在哪里？"

叶限恨恨地看着继母和妹妹，没有说话。"士兵大肆搜捕，这分明就不是好事，她们偏偏要把我推出去，这分明就是想让我死。"叶限心里想。

小队长看她不说话，正想上前给她一巴掌，结果被手下的亲信拦住了。"队长，这个女子虽然穿得破破烂烂，但难掩美丽，估计是个难得的美人，我们不要轻易冒犯。她不开口不要紧，只需让她试穿一下鞋子，不就真相大白了吗？"

小队长点了点头，说："还是你小子机灵。"随即让人押着叶限去试鞋子。

金鞋递到叶限脚边，她一下子就穿进去了，大小正合适。小队长一下子兴奋了起来。"终于找到了！快快快，押她去见国王！"

叶限挣脱了扣押她的士兵，说："请允许我去换一身衣服再见国王。"

小队长看她穿得确实有些破烂，就同意了。叶限便向自己的房间走去。

过了一会儿，屋中走出了一个天仙一般的美女。她穿着翠鸟羽毛织成的衣裙，脚上穿着一双金鞋，亮丽华贵，让人不敢直视。她正是换上了礼服的叶限。

"果然是你！那天晚上你果然去了洞节。你居然敢骗我！"继母气极了，从牙缝里硬生生地挤出了这句话。

但继母根本不敢动手，只能眼睁睁看着士兵簇拥着叶限离开了。

陀汗国王听说找到了鞋子的主人，早就兴冲冲地等着了。当叶限出现时，国王一下子就被她的美丽倾倒了，这简直是他有生以来见过的最美丽的女子。于是，国王便带着她和鱼骨一起回到了自己的宫殿，并娶叶限为自己的王后。

至于坏心肠的继母和妹妹呢？她们有一天外出时，被山上落下来的飞石给击中了，当场没了呼吸。还是洞人可怜她们，才把她们的尸骨收敛起来，埋葬在石坑里，并给这里起名叫"懊女冢"，意思就是"懊悔女人的坟墓"。后来，部族的人慢慢发现，只要去懊女冢祈祷生女孩，必定灵验。看来，继母活着的时候没有善待叶限，死后终于知道懊悔了。

叶限成婚后，把鱼骨的秘密告诉了陀汗国王。国王向鱼骨祈求，也得到了很多珠宝。可是，有了鱼骨宝藏后，国王变得越来越贪婪，有一年，他竟然向鱼骨索要无穷无尽的金银珠宝。结果到了第二年，无论他怎么祈求，鱼骨再也不灵验了。

国王感到很可惜，便把鱼骨埋葬在了海岸边一处安全而隐秘的地方。同时，为了感谢鱼骨的贡献，他用黄金铸造了鱼骨墓的围墙，在墙内还埋藏着一百斛珍珠——这些仅仅只占了鱼骨赐给他宝物的十分之一而已。

过了几年，陀汗国爆发了叛乱。这些年，国王凭借着手中的珠宝，到处挑起战事，想扩大自己的疆域，一批又一批士兵为他的好大喜功牺牲了性命。连年的征战让老百姓非常不满，于是，在国王又一次发起征兵时，这些士兵造反了。

平定叛乱就要花钱，国王便把主意打到了鱼骨墓上。他派出了一队亲信，让他们第二天去海边挖出珍珠和黄金，用作军费。

可没想到，那天晚上突然就爆发了大海啸。仿佛是神灵生气了一般，巨大的海潮吞没了埋宝之地，海岸上的一切统统都被卷入水中，等到退潮时，黄金、珍珠和鱼骨已经全都不见了！

与鱼骨一起失踪的，是他的王后叶限。那天晚上，有人看到叶限脱下了王后的礼服，换上了那身翠羽衣，穿着金鞋，骑在一条巨大的金鱼身上，消失在了无边无际的大海中。

　　南人相传，秦汉前有洞主吴氏，土人呼为吴洞。娶两妻，一妻卒，有女名叶限，少惠，善陶钧，父爱之。末岁父卒，为后母所苦，常令樵险汲深。时尝得一鳞，二寸余，赪鬐金目，遂潜养于盆水。日日长，易数器，大不能受，乃投于后池中。女所得余食，辄沉以食之。女至池，鱼必露首枕岸。他人至，不复出。

　　其母知之，每伺之，鱼未尝见也。因诈女曰："尔无劳乎？吾为尔新其襦。"乃易其敝衣。后令汲于他泉，计里数里也，母徐衣其女衣，袖利刃，行向池。呼鱼，鱼即出首，因斫杀之。鱼已长丈余，膳其肉，味倍常鱼，藏其骨于郁栖之下。逾日，女至向池，不复见鱼矣，乃哭于野。忽有人被发粗衣，自天而降。慰女曰："尔无哭，尔母杀尔鱼矣！骨在粪下。尔归，可取鱼骨藏于室。所须第祈之，当随尔也。"女用其言，金玑玉食，随欲而具。

及洞节，母往，令女守庭果。女伺母行远，亦往，衣翠纺上衣，蹑金履。母所生女认之，谓母曰："此甚似姊也。"母亦疑之。女觉，遽反，遂遗一只履，为洞人所得。母归，但见女抱庭树眠，亦不之虑。

其洞邻海岛，岛中有国名陀汗，兵强，王数十岛，水界数千里。洞人遂货其履于陀汗国。国主得之，命其左右履之，足小者，履减一寸。乃令一国妇人履之，竟无一称者。其轻如毛，履石无声。陀汗王意其洞人以非道得之，遂禁锢而拷掠之，竟不知所从来。乃以是履弃之于道旁，即遍历人家捕之，若有女履者，捕之以告。……陀汗王怪之，乃搜其室，得叶限，令履之而信。叶限因衣翠纺衣，蹑履而进，色若天人也。始具事于王，载鱼骨与叶限俱还国。其母及女，即为飞石击死。洞人哀之，埋于石坑，命曰"懊女冢"。洞人以为禖祀，求女必应。

陀汗王至国，以叶限为上妇。一年，王贪求，祈于鱼骨宝玉无限。逾年，不复应。王乃葬鱼骨于海岸，用珠百斛<ruby>藏<rt>hú</rt></ruby>之，以金为际。至征卒叛时，将发以赡军。一夕，为海潮所沦。

成式旧家人李士元所说。士元本邕州洞中人，多记得南中怪事。

《酉阳杂俎·续集卷一·支诺皋上》

注释

- 南人：此处指岭南各少数民族。
- 洞主：古代南方少数民族部落的首领。
- 陶钧：制作陶器。
- 樵险汲深：到险峻的山上打柴，到深潭边汲水。
- 赪鬐：红色的鱼背鳍。
- 襦：短衣。
- 敝衣：破旧的衣服。
- 徐：慢慢地。
- 斫：砍。
- 郁栖：粪壤。即农家堆肥，粪埋在泥土内，使它发酵腐熟。
- 逾日：过了一天。
- 第：只管。
- 玑：不圆的珠子。
- 洞节：南方少数民族的节日。

- 遽：急忙。
- 禁锢而拷掠：禁锢，关押，监禁。拷掠：拷打。
- 禖祀：为求子而进行的祭祀、祈祷。
- 斛：古代容量单位，十斗为一斛。
- 赡军：这里指支付军费的意思。
- 邕州：今广西南宁。

译文

　　南方人传说，在秦汉之前，有个姓吴的洞主，当地人就叫他吴洞。他娶了两个妻子，其中一个妻子去世了，留下一个女儿叫叶限，从小就很善良，很会制作陶器，吴洞非常宠爱她。后来，吴洞也死了，叶限被后母虐待。后母常常让她到高山上砍柴，去深潭边汲水。

　　叶限有次打水的时候得到一尾鱼，两寸来长，红色的鱼背鳍，金色的眼睛，就偷偷地把鱼养在水盆里。鱼一天天长大，叶限换了好几次盆子，大到盆子放不下的时候，叶限就把它放到院子后面的池塘里。她每天都把节省出的一些饭食投进去喂鱼。每次叶限过去的时候，鱼就会游到岸边，露出头来。其他人来到池塘边，鱼就不会出来。

她的后母察觉了这件事，每次到池塘边偷看，总是看不到鱼。她就骗叶限说："你辛苦了，我为你做了件新衣裳。"于是换掉了她的旧衣服。后来，又让她到别的泉水那里去汲水，路程有好几里。后母慢慢穿上叶限的旧衣服，袖子里藏着锋利的刀子，走到池塘边呼唤鱼。那鱼把头露了出来，后母趁机把它砍死了。鱼已经长到一丈多长，后母把鱼烹饪了，味道比一般的鱼鲜美数倍，后母把鱼骨藏在了粪土之下。过了一天，叶限到池塘边上，可怎么也见不到鱼了，于是跑到野外悲伤地哭泣。忽然有个人披散着头发、穿着粗布衣服从天而降，告诉她："你别哭了，你的鱼被你母亲砍死了，骨头扔在粪坑里，你回去后，可把骨头取出来藏在屋里，需要什么只管向它祈祷，都可以如愿的。"叶限听从了他的话，金玉、珠宝、美食，想要什么就有什么。

　　到了洞节的时候，后母去参加了，让叶限在家里看守庭院中的果树。叶限等后母走远了，也去了，穿着翠鸟羽毛纺织的衣服、金线做成的鞋子。后母的女儿认出她来，就告诉她母亲："那个人很像姐姐。"后母起了疑心。叶限察觉到了，便匆匆地赶回家，路上丢了一只鞋子，这只鞋就被一个洞人得到了。后母回来，只见叶限抱着院子里的树睡着了，也就打消了疑心。

吴姓的这个部落临近海岛，岛上有个叫陀汗的国家，兵力强盛，统治着附近几十个海岛，海上的疆域有几千里。洞人把那只金线鞋子卖给他们，陀汗王得到后，让左右下人穿上去试试，脚最小的穿上去，鞋子又缩减了一寸。于是下令全国所有的妇人都试穿一下，竟然没有一个合适的。那鞋子轻得像羽毛，踩在石头上也没有声音，陀汗王猜测那个洞人是通过不正当的途径得到鞋的，于是把他关押起来，并拷打他，但最终也不知鞋是从哪里来的。（国王）就把这鞋子丢在路边，派人到每户人家搜捕，如果有妇女穿了鞋子，就抓来。……国王感到很奇怪，就搜捕她家，找到了叶限，让她试穿鞋子来验证。于是叶限又穿上翠羽衣和金线鞋进见，容貌美如天上的仙女。（叶限）这才向国王陈述了前前后后的事实，陀汗王带着叶限和鱼骨回国。后母和她的女儿都被飞石击中而死，洞人哀怜她们，把她们埋在石坑里，起名"懊女冢"。洞人把这里当成祈祷生育的地方，求生女儿非常灵验。

国王把叶限带回国后，封为上妃。有一年，国王起了贪念，向鱼骨祈求无尽的珠宝玉石。第二年，鱼骨不再灵验。

国王就把鱼骨埋到了海岸边，在里面藏了百斛珍珠，并用金子做边框。等征来的士兵叛乱时，国王想挖出这些珍宝来作为军费。结果一晚上的时间，埋藏鱼骨的地方就被海潮淹没了。

这个故事是我先前的家人李世元讲的，李世元是邕州洞中人，记录了很多南方奇异的事。

《太平广记》

《太平广记》属于类书，是中国古代文言纪实小说的第一部总集，为宋代人编纂的一部大书。全书五百卷，目录十卷，取材于汉代至宋初的以纪实故事为主的杂著。

何二娘成仙（何仙姑的传说）

在唐朝开耀（唐高宗的年号）年间，住在广州增城的何泰家，出了件奇事。

何泰的妻子已经怀孕九个多月了。这天，他家的房子里，居然冒出了紫色的云朵。云朵一片又一片地涌出，渐渐将整个屋子都笼罩在一片紫色光芒中。正当周围所有人都啧啧称奇的时候，只听屋子里响起"哇哇"的婴儿哭声，何泰的妻子产下了一名女婴。

后来，何泰给这个在传奇中诞生的女儿取了个极其平淡的名字——何二娘。

何二娘从小力气就格外大，四岁的时候，小姑娘就能扛起三十多斤的大米了，那装米的麻袋比她整个人还要重，可她轻轻松松就能举起来，毫不费力。

何泰挺高兴。何家其实并不富裕，

一家人都靠织鞋子为生。在古代，社会地位的排序叫"士农工商"。"士"指的是读书做官的人，"农"指的是农民，而像何家这样靠做手工谋生的人，则叫"工"，社会地位并不高。女儿的力气这么大，是干活的一把好手，对家人来说自然是好事。

就这样，何二娘一天天长大了。她对亲人很是孝顺，虽然身负怪力，但性格却温柔又安静。如果非要说有什么缺点，那就是她平时总是闷声不语，有些不大合群。

这天中午，何二娘做完了父母给她安排的家务后，又偷偷溜出了家门，往离家不远的山中跑去。

她跑得很快，没一会儿就来到了半山腰处。何二娘在山腰东瞧瞧、西看看，仿佛在寻找着什么。突然，她眼睛一亮。"终于找到了！"何二娘高兴地喊着。

目光所及处，是一个半人高的岩洞，洞门口被丛生的草木遮挡住了，看上去十分隐蔽。这些茂盛的草木对别人来说可能很棘手，但何二娘却根本不放在眼里。只见她随手折下了一根手臂粗的枝条，用力将杂草藤蔓连根卷起，清理出了一个窄窄的通道。此时的何二娘还是个十来岁的孩子，这条窄道足够她爬进洞中。

岩洞很深，仅有洞口一带能透入些许阳光，稍往里一些就是一片漆黑，像张大了嘴的怪兽，耐心等待着猎物走入自己的口中。

何二娘并没有被吓到。她扎紧了袖子和裤脚，点起了火折子，毫不犹豫地向着岩洞里走去。

四周暗了下来，渐渐地，一点阳光都没有了，只有手中一点微弱的火光在摇曳。岩洞里非常安静，甚至能听见昆虫爬行的声音。

这时，"叮咚"的一声水滴声便格外清晰。

"对了，云母岩就在水潭边！"何二娘的声音透着喜悦，向着水滴声奔去。

果然，很快她就找到了一大片云母岩。在火光的映照下，云母石折射出晶莹的光泽，仿佛是稀世珍宝。

何二娘小心翼翼地掰下了几片云母，放在衣袋中，又努力辨认了四周的方向，用石头刻下了标记。随后，她便小心翼翼地离开了。走前，还不忘从别处挪了些植物，挡住岩洞的痕迹。

回到家后，何二娘关上了自己屋子的房门，从床下找出一个小小的丹炉，将云母投入其中，煞有介事地炼起了丹。

眼前这一幕若是让何家父母看到，他们一定吓得眼珠子都要掉出来。他们可从来没让女儿接触过炼丹修道这类事情，别说修道的法术了，就连个道士的面她也没见过啊。

　　也正因如此，何二娘才要偷偷躲起来炼丹。在梦中，她不仅见过道士，还拜了师父呢。正是梦中的师父告诉她去哪里寻找云母，果然一下子就找到了。"师父真厉害！"何二娘眉开眼笑地自言自语道。

　　时光飞逝，不知不觉间，何二娘二十岁了。

　　最近，她非常烦恼。原因很简单，她的父母正在紧锣密鼓地帮她找对象，想把她赶紧嫁出去。至于父母为什么突然这么着急，原因出在几天前的一次晚饭上。

　　那天晚上，一家人正吃着饭，何二娘忽然对母亲说："娘，我在家里住得太闷了，想出去四处游历一番。"她自己觉得这话没什么问题。要知道，她不仅力大无比，而且还在梦中跟师父学了诸多仙法，足够自保。

　　可何家父母并不这么想。在他们眼中，女儿很少出门，还不善言谈，不会交际，一个女孩子家，怎么能独自外出游历呢？既然她在家里待不住了，那就赶紧把她嫁出去！

何二娘哭笑不得。如果告诉父母自己会仙法的真相，他们一定不会相信，而且师父叮嘱过她，绝不能在普通人面前展示法术，以免引人觊觎。

思来想去，只有一个办法了——逃！这大千世界，还没好好领略一番，她才不想嫁人呢！

于是，就在结婚的那天晚上，当所有人都在前屋吃酒席，新房中只剩新娘子一个人的时候，何二娘掐

了一个法诀。"嗖"，一道红光闪过，一身大红嫁衣的何二娘便穿墙而过，闪现在了新房的房顶上。

她仔细辨别了方向，便向罗浮山飞去。

次日清晨，罗浮山寺的门口，便出现了一位穿着红衣的女子，这便是何二娘了。

寺里的僧人见到她，便问："女施主来此何事？"

何二娘礼貌地回答："小女子一心向道，愿意供奉寺中的僧人，请允许我在寺中暂住。"

罗浮山寺是附近一所有名的寺院，里面颇有几位得道高僧，也常常收留救济无处可归的百姓，为他们提供住宿和饮食。于是，何二娘便顺利地留在了寺中。

只是，没几天，寺里的僧人就发现，她与别的百姓不同。这位新来的何二娘，居然从来没去吃过斋堂的饭！

僧人忍不住去问她："怎么从来不见你去吃饭呢？寺中的饭食都是无偿为大家提供的，你放心吃便是了，不会收钱。"

何二娘听了僧人的话，捂着嘴笑了。随后，她拿出了一篮子水果，对那位僧人说："谢谢你的提醒。这一篮水果是我刚刚摘来的，请你拿给寺中的僧人们分食吧。"

僧人收下了水果，但心中有些疑惑："罗浮山上似乎不产这种水果啊，也不知她是从哪里摘来的果子。"

接下来的几天，何二娘依然没去吃饭。不仅不吃寺中的食物，她还天天给僧人们送食物。李子、桃子、龙眼、黄皮……虽然都是些本地常见的水果，可这些果子生长的地方却各不相同。这样一来，就连寺中最德高望重的几位僧人，也都感到有点好奇了。

正巧，最近又到了盛产杨梅的季节。何二娘每天上午外出采杨梅，午饭的时候就会带着一篮子杨梅回来。

尝着她新采回来的杨梅，罗浮山寺的几位老和尚面色有些犹豫。

"师父，您尝尝这杨梅，是不是跟我们在循州山寺吃过的味道一样？"一位身材微胖的和尚问。

"杨梅这水果，味道都差不多，未必就是循州山寺所产。"一位高高瘦瘦的和尚在一旁插话。

慈眉善目、白须飘飘的老和尚沉思了片刻，回答道："循州山寺那几棵杨梅树有上百年了，所产杨梅与别处略有不同。我曾在循州山寺居住多年，这口味，只怕确实是循州山寺所产。"

罗浮山北边的循州山寺盛产杨梅。寺中有几株老杨梅树，每株树都足足有几十个人合抱那么粗，在当地很是出名。只是，这循州距离罗浮山足足有上百里，她是什么人，竟能在短短一个上午便来回一趟呢？

而且，费这么大劲儿来回一趟，竟只是为了摘杨梅吃吗？

所有僧人一时间都陷入了沉思。

最后，还是老和尚发话了："请循州山寺的高僧来做客吧。"

没几天，循州的和尚来了。谈话中，大家问到了杨梅树。循州山寺的和尚也不隐瞒，直言道："寺中杨梅远近闻名，今年更是有一位仙女来采摘杨梅。仙女凌空飞来，每次只挑熟透的杨梅采摘，并且只摘小小一篮。负责洒扫的僧人还在树下拾到了此物。"说着，他拿出了一片云母，展示给大家看。"循州少见云母，此物甚是稀罕，我猜应是仙女留下的，用作杨梅的谢礼。"

"可还记得，仙女是什么时候去采的杨梅吗？"罗浮山寺的僧人急忙问道。

两边僧人一对时间，果然对上了。循州山寺见到仙女的日子，正是罗浮山寺这边吃到杨梅的日子。原来这何二娘，居然已经成仙了！

从那以后，寺中僧人对何二娘更是礼遇有加。只是何二娘被看破了伪装，不愿意继续住在寺中，便辞别了僧人另寻住处，每隔十天半个月才来罗浮山寺一趟。

尽管何二娘非常低调，可是"广州出了一位仙女"这样传奇的事情，在茶社酒坊中最为人津津乐道。那消息口口相传，竟传到了当时在位的皇帝——唐玄宗的耳朵里。

玄宗皇帝喜爱求仙访道，一心追求长生，一听到这个消息，便立刻派遣身边的得力手下前往广州，务必要把仙女请来。

皇帝身边的亲信手下，被称作"黄门使"，平时深受皇帝信任，也被文武百官时时奉承，难免有些高傲。这位使者在广州一番寻访，找到了何二娘，便献上皇帝的礼物，请她与自己一道回京。

何二娘见皇帝的赠礼十分贵重，可见其非常器重自己，就同意了使者的请求，与他一起上路。

从广州到都城长安，路途漫漫。这位黄门使一开始还对何二娘礼貌有加，可是相处一段时间，熟识之后，也就渐渐不那么拘谨了。何况，何二娘与自己想象中的仙人相差甚远。

想象中，仙人理当是鹤发童颜、令人敬畏的，可现在，左看右看，眼前这仙女也不过个年轻女子，相貌还颇为秀丽。

于是，黄门使就动了歪心思。"一路上也不见她使什么仙法，这哪里是什么仙女，分明是个寻常女子。旅途无聊，倒不如调戏她一番，解解闷。"使者咧着嘴笑，心中正打着如意算盘，看何二娘的眼神也就多了几分戏谑。

何二娘瞥了他一眼，立刻就知道了他心中所想，顿时感到厌烦极了。于是也不想再与他周旋，便直接正色对黄门使说："我看在皇帝诚心求道的分儿上，才同意与你一起进京。现在你一个使者，不恪尽职守，却对女子起了这样令人不齿的心思，我看这皇帝也不必见了！"

黄门使只是心中动了念头，还没能有任何言谈举动，就被何二娘一眼看出了心思。"这，她怎知我的心思？莫非真是神仙？"他吓坏了，跪在地上连忙叩头，口中说着："仙女恕罪啊！"

何二娘正眼都不看他一下，凭空向上一跃。黄门使急忙抬头看时，天空一片湛蓝，而何二娘早已不见了踪影。

丢了人，也没办好差事，黄门使四处打听求访，可是再也没有人知道何二娘的音信了。

直到过了许多年后，才又有人见到了她。那时，她已经位列八仙之一，成为八仙中唯一的女仙——何仙姑了。

广州有何二娘者，以织鞋子为业，年二十，与母居。素不修仙术，忽谓母曰："住此闷，意欲行游。"后一日便飞去，上罗浮山寺。山僧问其来由，答云："愿事和尚。"自尔恒留居止。初不饮食，每为寺众采山果充斋，亦不知其所取。罗浮山北是循州，去南海四百里。循州山寺有杨梅树，大数十围。何氏每采其实，及斋而返。后循州山寺僧至罗浮山，说云某月日有仙女来采杨梅，验之，果是何氏所采之日也。由此远近知其得仙。后乃不复居寺，或旬月则一来耳。唐开元中，敕令黄门使往广州，求何氏，得之，与使俱入京。中途，黄门使悦其色，意欲挑之而未言。忽云："中使有如此心，不可留矣。"言毕，踊身而去，不知所之。其后绝迹不至人间矣。

《太平广记·卷六十二·女仙七》

注释

- 素：向来。
- 事：侍奉、供奉。
- 去：距离。
- 围：计量圆周的约略单位，指两只胳膊合围起来的长度。
- 旬月：十天至一个月。指较短的时日。
- 敕：帝王的诏书、命令。
- 挑：挑拨、挑动。
- 踊身：纵身。

译文

广州有个叫何二娘的姑娘，织鞋子为生，年纪二十岁，与她母亲一起居住。她一向不修仙术，有一天，忽然对母亲说："住在这里心里闷得慌，我想出行云游。"后来有一天她就飞走了，上了罗浮山的僧寺。山上的和尚问她来这里的缘由，她回答说："我愿意供奉和尚。"从这以后，她就长期留在这里居住。她不吃不喝，经常给寺里的众僧采摘山果充作斋饭，和尚们也不知这些山果她是从哪里取来的。罗浮山的北面是循州，离南海四百里。循州的山寺中有杨梅树，有几十人合抱那么粗大，何氏经常采摘它的果实，到吃斋时就返回了。后来，循州山寺里的和尚到了罗浮山，对这里的人说，某月某日有个仙女来寺里采摘杨梅。罗浮山寺里的和尚验证这件事，那天果然是何氏采摘杨梅的日子。由于这个原因，远近的人都知道何氏得道成仙了。何氏后来就不再住在寺里，有时或十天或一月来一次而已。唐朝开元年间，唐玄宗诏派黄门使前往广州寻找何氏，把她找到了，她与使者一起进京。半路上，黄门使喜欢她的姿色，心里想要挑逗她而没有说出来。何二娘忽然说："中使有如此邪心，我不可逗留了。"说完，她就腾跃而去，不知去了哪里。其后人间再也没有她的踪迹了。

水神无支祁（孙悟空的原型）

你读过《西游记》吗？你觉得有着火眼金睛的孙悟空厉害不厉害？

虽然《西游记》讲述的故事发生在唐代，不过，盖世神猴孙大圣的形象，其实比唐代早了几千年！早在上古时期大禹治水的时候，就有这样一位与孙悟空非常相似的神猴出现过。

据说，大禹为了治水，几乎把全国都走了一遍。当他经过桐柏山时，遇到了一系列怪事。每当他来到这里，都会遇到狂风大作、电闪雷鸣的恶劣天气。而且更奇怪的是，只要他一出现在桐柏山附近，立刻就会漫天飞沙走石，风声简直像是鬼哭狼嚎一般；可是只要他离开桐柏山的范围，天气马上就变为晴朗无风，阳光灿烂。试了好几次，每次都是如此。

大禹非常生气！"我奉天帝的命令在人间治水，受到所有老百姓的拥戴。到底是哪个不长眼睛的妖怪，敢挡我的路？"

桐柏山是一条极其古老的高大山脉，河流水系众多，而且淮河就从这里发源，因此，这一带光是山神和水神就足足有五位之多。他们分别是水神鸿蒙氏、章商氏、兜卢氏、犁娄氏以及桐柏山的主管山神千君长。

大禹拿出天帝的令牌，呼唤此地的山神和水神，想了解一下这里的天气为何如此异常。他满以为自己很快就能把人召集起来，可是呼唤了半天，压根儿就没人理他，五位山神水神居然一个也没来。

大禹又呼叫了驻扎在此处的另一位天神——天老。天老曾经是黄帝手下的大臣，他掌管着天兵天将，负责警戒桐柏山一带，大禹想调用他的兵力，惩处这些不听话的山神水神。可是万万没想到，天老也压根儿不搭理他，反倒是对手底下的天兵天将们管理得更严格了。

大禹调用不了驻守的部队，只剩自己和几个忠心的部下，没法解决问题。但是呢，他也不能绕开桐柏山。因为这里的河流众多，而淮河又是治水工程的重中之重，必须解决。

一怒之下，大禹拿出了自己的绝招——召唤神兽！他默念咒语，找到了夔（kuí）和龙两大神兽。

夔的样子像青牛，却只有一只脚，它的声音如打雷一般响亮，可以操纵狂风暴雨，是一种非常厉害的神兽。龙的威力那就更不用说了，可以上天入海、呼风唤雨。

两大神兽现身，吸引了各种神灵精怪，它们跟随着夔和龙，组成了一支浩浩荡荡的队伍，听从禹的号令。于是，禹立刻从一个"光杆司令"，变成了坐拥千军万马的领袖。他大手一挥，下了命令：立刻攻打桐柏山。

桐柏山的正牌山神千君长见此情景慌了神。他急忙求见大禹。一见面，他二话不说，先跪了下来，重重磕了个头，整个身子都趴在了地上。然后，他带着哭腔说："大禹神君，小神我知错了，求您饶了我吧！是那四个水神非要跟您作对，我也是被他们胁迫的。我只是一个小小的山神，根本无力跟他们抗衡啊！"

大禹扶起了千君长，说："你把你知道的事情细细道来，若是有用，就当你将功折罪。"

千君长汇报说："剩下四个神仙分别叫鸿蒙氏、商章氏、兜卢氏和犁娄氏，他们都是水神。论法力，每个人都跟我差不多，可是他们背后却有一个极其厉害的主子。那位神灵我没见过，但听说，他的实力可以媲美顶级天神，可能连神兽都不能与他抗衡呢。"

大禹缓缓点了点头，心想："这就对了！这附近的神灵胆敢不听从天帝的号令，原来是因为背后有这么一位厉害的首领啊。我不能轻敌，得多了解一些他的情报。"

于是，大禹先派出手下的部队，抓住了不听话的四位水神。审问之下，大禹才知道，原来桐柏山这里，住着一位掌管淮河和涡河的水神。这位水神名叫无支祁（qí），他法力无边，能够和各种动物、植物对话，让它们听从自己的命令。他还有一双火眼金睛的千里眼，方圆千里之内，他不用亲自去查看，只需远远扫视一番，就能够准确判断出河流哪里水深、哪里水浅，哪里是平原、哪里是沼泽。

一听无支祁这么厉害，大禹点兵点将，全副武装，准备战斗。

这时，夔和龙对大禹说："我们和无支祁同为神兽，不想跟他正面为敌。你还是派自己的手下去作战吧。"

没办法，大禹就先派出了一员大将，名叫章律，让他先去打个头阵。

章律来到无支祁居住的地方，大声宣战说："无支祁，你的四名手下——鸿蒙氏、商章氏、兜卢氏和犁娄氏已经被我们俘虏了，现在轮到你了。速速出来

受死！”

伴随着这呼喝声，风雨变得更加激烈，拳头大的雨点砸在了章律的头上。同时，水中缓缓浮现出一个庞然大物。

那是一只宛如巨塔一般高大的猿猴。它浑身披着青色的毛发，头上的毛却是雪白的，好像长着一头白发似的。它张嘴向章律呲牙，露出了一口锋利的牙齿，像白色的刀刃一样，似乎一口就能咬穿一个人。“我就是无支祁，你们这些人，在这里穿山挖渠，毁坏了无数植物，还让动物们不能安生。今天，我就要替大家教训教训你们！”

说完，身在水中的无支祁就猛地一伸脖子，向岸上的章律咬去。它的脖子瞬间伸出了几十米，一下子伸到了章律面前。

章律吓得赶紧就地一滚，才躲开了尖锐的牙齿。他拿出自己的武器，摆出了防守的姿态。这时，无支祁也从水中登上了陆地。大家看得更清楚了，它大概有十五米高，身材健硕，爪子泛着金光，就像钩子一样锋利，一爪子轻轻挥下，就把半块山岩拍得粉碎。

那力气，简直比九头大象还要大。

只是，上了岸后，它的眼睛却是紧紧闭着的，就像瞎了一样。

章律不敢轻敌，跟无支祁搏斗起来。无支祁虽然体形庞大，却非常敏捷。它步伐轻快灵活，章律连它的一根猴毛都碰不到。忽然，它腾空跳跃起来，下一刻又闪现在了章律的身后，把章律累得晕头转向，连连喘息。

眼看章律就要被无支祁一爪拍飞，大禹连忙让乌木由上场，救下了章律。"乌"字和"木"字加起来，正好组成一个"枭"字，就是猫头鹰的意思。乌木由本人就像鸟儿一样，身法灵活，跟无支祁不相上下。而且乌木由还会飞行，他从天上向下攻击，正好克制无支祁。

大禹很高兴，以为乌木由就要取胜了，可谁知突生变数！无支祁睁开了一直紧闭的双眼，从眼中直射出万丈金光。原来，无支祁并不是瞎了，而是因为他有着一双火眼金睛，所以它才一直闭着眼睛。

金光射向乌木由，他顿时感到自己被看穿了全身的破绽。无支祁挥舞着手臂，那淮河就像被烧开了一样沸腾起来，几米高的浪头向岸上打去；同时，无支祁一声大吼，如风啸雷鸣一般，平地上就刮起了一阵龙卷风，卷着飞在半空中的鸟木由，将他向远处抛去。

看到局势如此紧迫，大禹只好派出了他身边最勇猛的一员大将。此人名叫庚辰，他身负神龙的血统，手中还有一件龙族法宝——避水剑。

这避水剑与《西游记》中的定海神针一样，都是大禹治水的重要工具。定海神针可以随意变化长短大小，用于测量江河湖海等各种水域的深浅，而避水剑则可以分开水流，让人们进入水底。

庚辰挥舞着避水剑，他面前汹涌的淮河水就像被无形的堤坝阻挡了一样，为他开辟出一条道路，同时，天空中的雨水也无法落在庚辰身上。避水剑所在之处，无论是河水还是雨水，都不能侵入半分。

手握法宝的庚辰跟无支祁斗得旗鼓相当，打了个天昏地暗。只不过无支祁刚才已经连战了两员神将，早已疲惫不堪，而庚辰则精力充沛。时间一长，无支祁渐渐就落了下风，一个不留神，被庚辰刺中了要害。

无支祁倒在地上，愤怒地挣扎着。庚辰正想挥剑结果了它的性命，就在此时，周围忽然出现了成千上万的鸱（chī）鸟、树精、山妖、石怪，它们奔跑号叫着，把无支祁团团环围起来，用自己的身躯保护它。

庚辰挥动宝剑，想要驱赶这些自然界的精怪们。小妖精们当然不是他的对手，被打得七零八落，但大家却仍然固执地围在无支祁的身边。

庚辰还想继续上前，大禹却拦住了他。大禹对庚辰说："无支祁法力无边，而且有这些山水精灵们守护着它。如果逼得它临死一搏，只怕我们也讨不到好处。不如让我来说服它。"

大禹走到了无支祁面前，说："你跟我们作对，无非是担心我修筑水渠会伤害这里的动植物，对吗？"

无支祁嘶吼道："难道不是吗？你们治水所到之处，山塌地陷，死了多少动植物？"

围着它的精怪们也应和着呐喊起来。

大禹说："如果不治理水患，又有多少人会被洪水淹死？又有多少人会流离失所，冻饿而死？洪水平定，人类和动植物和睦相处，难道不好吗？"

无支祁哼了一声，不回话。

大禹接着说："只要你束手就擒，我就可以向你保证，从此以后，我们修理河道时一定会合理安置动植物。"

无支祁沉默了许久许久。最后，它再次仰天长啸，狂风又起。这阵风并没有持续很久，风停后，所有的树鸟山石精怪都不见了踪影。原来，无支祁用法力将它们送回了安全的地方。

庚辰拿着比胳膊还粗的大铁锁，将无支祁的脖颈锁住，又在它的鼻子上穿上金铃，将它镇压在淮阴县的龟山山脚下。

接下来，大禹带领众百姓凿开桐柏山，疏通河道，淮河滔滔向东流去。这里的水患终于被大禹治理好了。

从那以后，在淮河上讨生活的渔人，还有往来的商船，都会在船上画上无支祁的图形。因为淮河中的精灵们看到了它，就不会兴风作浪了。

由此看来，无支祁在山精水怪们的心中，地位依然无比崇高。只可惜，《西游记》里的孙悟空被压在五行山下，有唐僧来救他，但无支祁或许至今还被压在龟山下吧。

原文

禹理水，三至桐柏山，惊风走雷，石号木鸣；五伯拥川，天老肃兵，不能兴。禹怒，召集百灵，搜命夔、龙。桐柏千君长稽首请命，禹因囚鸿蒙氏、章商氏、兜卢氏、犁娄氏。乃获淮、涡水神，名无支祁，善应对言语，辨江淮之浅深，原隰之远近。形若猿猴，缩鼻高额，青躯白首，金目雪牙，颈伸百尺，力逾九象，搏击腾踔疾奔，轻利倏忽，闻视不可久。禹授之章律，不能制；授之鸟木由，不能制；授之庚辰，能制。鸱脾桓木魅水灵山妖石怪，奔号聚绕以数千载，庚辰以战逐去。颈锁大索，鼻穿金铃，徙淮阴之龟山之足下，俾淮水永安流注海也。庚辰之后，皆图此形者，免淮涛风雨之难。

《太平广记·卷四百六十七·水族四》

（引自《古岳渎经》）

298

注释

● 桐柏山：山名。位于中国河南、湖北边境，为秦岭向大别山的过渡地带，属淮阳山脉西段。又名余山，古人认为是淮水的发源地。《山海经》载："淮出余山"。

● 天老：相传为黄帝辅臣。

● 兴：派遣、发动。

● 夔：一种传说中的怪兽，形状像牛，仅有一足。

● 稽首：古时的一种跪拜礼，叩头至地，是九拜中最恭敬的。

● 鸿蒙氏、章商氏、兜卢氏、犁娄氏：都是首领的名称。

● 涡：涡河，淮河的支流，在现在安徽蚌埠怀远县汇入淮河。多音字，作为河流名称时，读作 guō。

● 原隰：泛指原野。原，平原。隰，低湿的地方。

● 腾踔：跳起，凌空。

● 倏忽：很快地。

● 章律：人名。与后文的鸟木由、庚辰都是禹的部下。

● 鸱：一种凶猛的鸟，鹞子；又或指猫头鹰一类的鸟。

● 俾：使。

译文

大禹治水时，三次到桐柏山。桐柏山刮大风，响惊雷，石头呼号，树也鸣叫。神怪五伯兴波作浪，天老起兵作乱，大禹调动不了他们，很生气。大禹召集百种神灵，找来夔和龙，桐柏山神千君长也来请求任务。于是大禹囚禁了鸿蒙氏、章商氏、兜卢氏、犁娄氏，才捕获了淮河、涡水中的名叫"无支祁"的水神。无支祁善于回答别人的问话，能分辨长江淮河的深浅和平原沼泽地带的远近，其样子像猿猴，小鼻子，高额头，青色的身躯，白色的头发，眼露金光，牙齿雪白，脖子伸出来有一百尺长，力气超过九头大象，攻击、搏斗、腾跃、奔跑迅速敏捷，身体轻灵飘忽，只是不能长久地听声音、看东西。大禹把它交给章律，制服不了它；把它交给鸟木由，也制服不了它；把它交给庚辰，才打败了它。数以千计的鸥鸟、脾桓、树精、水神、山妖、石怪，奔跑号叫地聚集环绕着无支祁，庚辰用武力把它们打跑了。他给无支祁的脖子上锁上大铁链，鼻子上穿上金铃，送到淮阳县龟山脚下，是想让淮河水永远平安地流到海里。从庚辰以后，人们都画着无支祁的图形，就是想免除淮河上风雨波涛的灾难。